Flex und Flo

Mathematik

3

W0316480

Lösungen zum Arbeitsheft (ISBN 978-3-425-13566-3)

Das Arbeitsheft (ISBN 978-3-425-13566-3)
wurde erarbeitet von
Judith Beerbaum, Anja Göttlicher, Sarah Versin,
Britta Wettels und Stephanie Zippel
in Zusammenarbeit mit der
Diesterweg-Grundschulredaktion

Illustriert von
Angelika Citak, Heike Heimrich, Gabie Hilgert,
Karoline Kehr und Christine Kleicke

Diesterweg
westermann

Inhaltsverzeichnis

Addieren und Subtrahieren

Multiplizieren und Dividieren

Inhaltsverzeichnis

Geometrie

Sachrechnen und Größen

Zeichenerklärung

Male/Zeichne mit der entsprechenden Farbe!

Streiche durch, was nicht passt!

Ordne zu!

Kreise ein!

Kreuze an!

TH S. 4 — Verweis auf die passende Seite im Flex und Flo Themenheft **Addieren und Subtrahieren**

TH S. 4 — Verweis auf die passende Seite im Flex und Flo Themenheft **Multiplizieren und Dividieren**

TH S. 4 — Verweis auf die passende Seite im Flex und Flo Themenheft **Geometrie**

TH S. 4 — Verweis auf die passende Seite im Flex und Flo Themenheft **Sachrechnen und Größen**

1 — Aufgabe aus dem Anforderungsbereich I
Reproduzieren: erfordert Grundwissen und das Ausführen von Routinetätigkeiten

1 — Aufgabe aus dem Anforderungsbereich II
Zusammenhänge herstellen: erfordert das Erkennen und Nutzen von Zusammenhängen

1 — Aufgabe aus dem Anforderungsbereich III
Verallgemeinern und Reflektieren: erfordert komplexe Tätigkeiten wie Strukturieren, Entwickeln von Strategien, Beurteilen und Verallgemeinern

Datum: ____________

1 Setze passend ein: subtrahiert | Summe | Differenz | addiert

Wenn man Zahlen addiert, rechnet man plus.
Das Ergebnis einer Plusaufgabe nennt man Summe.
Wenn man Zahlen subtrahiert, rechnet man minus.
Das Ergebnis einer Minusaufgabe nennt man Differenz.

2 Addiere immer die beiden Ergebnisse.

a) 39 + 8 = 47
39 − 8 = 31
47 + 31 = 78

b) 24 + 8 = 32
24 − 8 = 16
32 + 16 = 48

c) 18 + 9 = 27
18 − 9 = 9
27 + 9 = 36

d) 34 + 7 = 41
34 − 7 = 27
41 + 27 = 68

3

a)

+	30	40	12
46	76	86	58
23	53	63	35
55	85	95	67

b)

−	60	40	26
96	36	56	70
77	17	37	51
89	29	49	63

c)

+	30	20	15
63	93	83	78
24	54	44	39
52	82	72	67

4

a) 16 + 30 = 46
37 + 40 = 77
54 + 20 = 74

b) 23 + 33 = 56
61 + 24 = 85
84 + 15 = 99

c) 43 − 20 = 23
78 − 40 = 38
95 − 50 = 45

d) 64 − 13 = 51
49 − 26 = 23
78 − 62 = 16

5

TH S. 5

Wiederholung und Vertiefung

Datum: ____________

1 Welche Aufgaben sind es?

a)
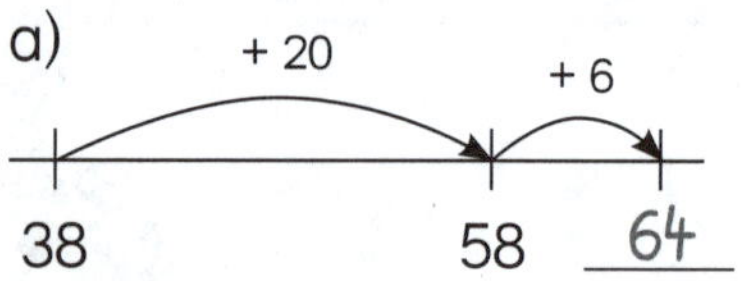

38 + 26 = 64

b)
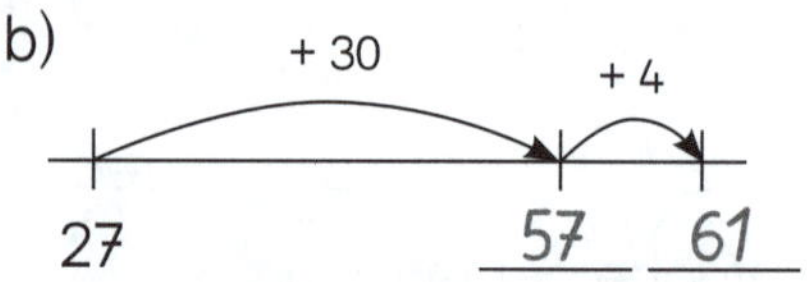

27 + 34 = 61

c)
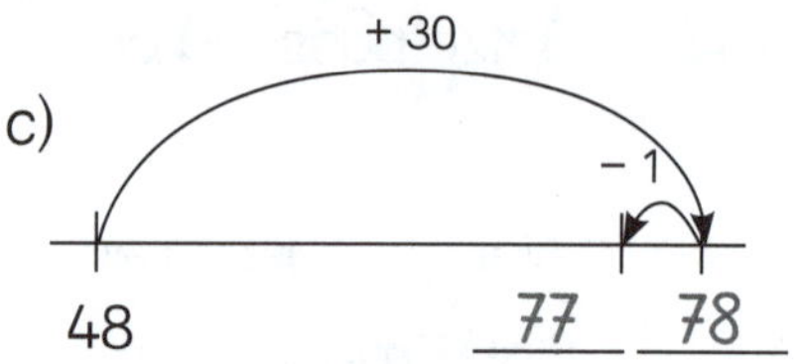

48 + 29 = 77

2 Rechne auf deinem Weg.

a) 56 + 28 = 84

b) 44 + 37 = 81

c) 68 + 25 = 93

3 a) Schreibe immer zwei passende Aufgaben dazu.

A
23 + 19 = 42
23 + 29 = 52
23 + 39 = 62
23 + 49 = 72
23 + 59 = 82

B
51 + 39 = 90
51 + 40 = 91
51 + 41 = 92
51 + 42 = 93
51 + 43 = 94

C
37 + 14 = 51
47 + 14 = 61
57 + 14 = 71
67 + 14 = 81
77 + 14 = 91

b) Welche Beschreibung passt zu welchem Päckchen? Trage den Buchstaben ein.

(B) Die erste Zahl bleibt gleich.
Die zweite Zahl wird um 1 größer.
Die Summe wird um 1 größer.

(C) Die erste Zahl wird um 10 größer.
Die zweite Zahl bleibt gleich.
Die Summe wird um 10 größer.

c) Ein Päckchen bleibt übrig. Beschreibe es.

(A) Die erste Zahl bleibt gleich.
Die zweite Zahl wird um 10 größer.
Die Summe wird um 10 größer.

4

a) Addiere 32 zu der Zahl. Die Summe ist 85.
53 + 32 = 85
Lösung: 53

b) Addiere zwei gleiche Zahlen. Die Summe ist 88.
44 + 44 = 88
Lösung: 44

c) Addiere 27 zu der Zahl. Die Summe ist 59.
32 + 27 = 59
Lösung: 32

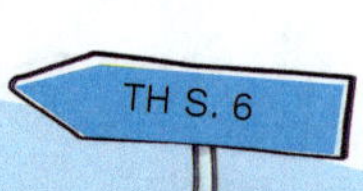

Wiederholung und Vertiefung

Datum: ____________

1

11	15	26	41	67
18	18	36	54	90
15	19	34	53	87

2 Wer findet den längsten Zug?

8	4	12	16	28	44	72	116

3 Vergleiche die Zahlen im letzten Waggon. Was fällt dir auf?

15	20	35	55	90
15	21	36	57	93
15	22	37	59	96
15	23	38	61	99

Die Zahl im letzten Waggon wird immer um 3 größer.

4

a) −6, −20: 28, 34, 54

54 − 26 = 28

b) −5, −30: 36, 41, 71

71 − 35 = 36

c) −40, +1: 45, 46, 85

85 − 39 = 46

5

a) 83 − 46 = 37

b) 62 − 26 = 36

c) 52 − 37 = 15

6 Male Aufgaben mit gleichem Ergebnis mit der gleichen Farbe an.

53 + 27 = 80
48 + 15 = 63
81 − 15 = 66
85 − 17 = 68
91 − 25 = 66
57 + 23 = 80
82 − 26 = 56
84 − 16 = 68
72 − 16 = 56
45 + 18 = 63

TH S. 7

Zahlen bis 1000

Datum ____________

1

a)

H	Z	E
6	7	5

600 + 70 + 5 = 675

b)

H	Z	E
9	1	3

900 + 10 + 3 = 913

c)

H	Z	E
5	7	2

500 + 70 + 2 = 572

2 Zerlege die Zahlen.

a) 526 = 500 + 20 + 6
346 = 300 + 40 + 6
657 = 600 + 50 + 7

b) 812 = 800 + 10 + 2
999 = 900 + 90 + 9
428 = 400 + 20 + 8

c) 710 = 700 + 10
204 = 200 + 4
502 = 500 + 2

3 Ergänze die fehlenden Hunderter, Zehner oder Einer.

a) 121 = 100 + 20 + 1
725 = 700 + 20 + 5
893 = 800 + 90 + 3

b) 637 = 600 + 30 + 7
346 = 300 + 40 + 6
572 = 500 + 70 + 2

c) 254 = 200 + 50 + 4
179 = 100 + 70 + 9
442 = 400 + 40 + 2

4 Immer drei gehören zusammen. Male mit gleicher Farbe an.

424 | 500 + 10 + 3 | 876 | 400 + 20 + 4 | 8H 7Z 6E | 800 + 70 + 6 | 4H 2Z 4E | 513 | 5H 1Z 3E | 531 | 500 + 30 + 1 | 5H 3Z 1E

5 Verbinde die Zahl mit dem richtigen Zahlwort.

vierhundertsiebzehn – 417
sechshundertdreiundzwanzig – 623
neunhundertfünfundzwanzig – 925
952 – neunhundertzweiundfünfzig
376 – dreihundertsechsundsiebzig
470 – vierhundertsiebzig

6 Aufgepasst!
Trage in die Stellentafel ein.

a) 3H + 11Z + 4E
b) 7H + 3Z + 53E
c) 5H + 10Z + 1E
d) 9H + 1Z + 60E
e) 4H + 7Z + 16E

	H	Z	E	Zahl
a)	4	1	4	414
b)	7	8	3	783
c)	6	0	1	601
d)	9	7	0	970
e)	4	8	6	486

TH S. 15

Zahlenstrahl

Datum ____________

1 Welche Zahl ist genau in der Mitte? Zeichne sie ein.

a) 0 — 200 — 400

b) 600 — 700 — 800

c) 0 — 250 — 500

d) 280 — 290 — 300

e) 340 — 360 — 380

f) 510 — 550 — 590

2 Wo sind diese Zahlen ungefähr? Zeichne sie ein.

a) 250 300 350

200 — 250 — 300 — 350 — 400

b) 460 480 500

440 — 460 — 480 — 500 — 520

c) 775 850 925

700 — 775 — 850 — 925 — 1000

d) 200 250 350

150 — 200 — 250 — 350 — 550

3 Welche Zahlen können es sein?

a) 600 — 650 — 700 — 750 — 800

b) 300 — 350 — 400 — 425 — 500

4 Welche Zahlen sind es?

550 560 570 580 590 600 610 620 630 640 650

A 551 B 567 C 575 D 589 E 604 F 611 G 628 H 643

5 Trage diese Zahlen ein: ~~343~~ ~~434~~ ~~365~~ ~~356~~ ~~389~~ ~~398~~ ~~421~~ ~~412~~

343 356 365 389 398 412 421 434

340 350 360 370 380 390 400 410 420 430 440

TH S. 20-21

Zahlenstrahl – Nachbarzahlen

Datum: ____________

1 Schreibe beide Nachbarhunderter (NH) auf. Welcher liegt näher an der Zahl? Kreise ihn ein.

NH	Zahl	NH
400	473	(500)
(500)	538	600
(300)	326	400

NH	Zahl	NH
600	659	(700)
(700)	742	800
(900)	911	1000

2 Welche Zahlen sind es? Schreibe beide Nachbarzehner (NZ) auf.

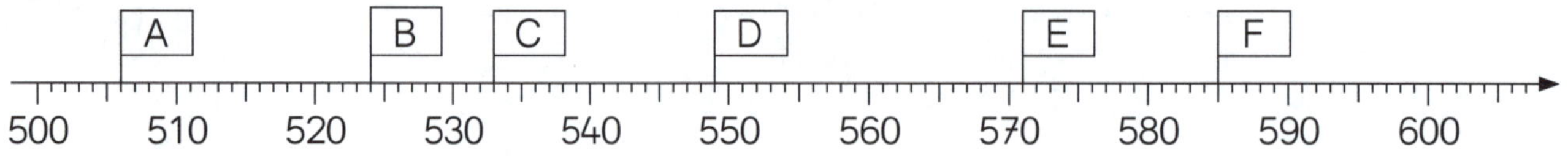

NZ	Zahl	NZ
500	A: 506	510
520	B: 524	530
530	C: 533	540

NZ	Zahl	NZ
540	D: 549	550
570	E: 571	580
580	F: 585	590

3 Sprünge zu den Nachbarzehnern

a) 

610 ___ 620

613 + 7 = 620
613 – 3 = 610

b) 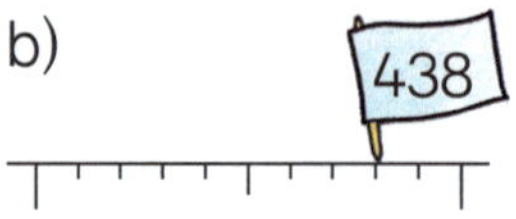

430 ___ 440

438 + 2 = 440
438 – 8 = 430

c) 

360 ___ 370

365 + 5 = 370
365 – 5 = 360

d) 

970 ___ 980

972 + 8 = 980
972 – 2 = 970

4

a) 542 + 8 = 550
542 – 2 = 540

b) 709 + 1 = 710
709 – 9 = 700

c) 473 + 7 = 480
473 – 3 = 470

d) 364 + 6 = 370
364 – 4 = 360

5

a) 327 + 3 = 330
194 – 4 = 190
283 – 3 = 280

b) 548 + 2 = 550
946 + 4 = 950
748 – 8 = 740

c) 537 + 3 = 540
621 + 9 = 630
483 – 3 = 480

d) 619 – 9 = 610
482 + 8 = 490
999 – 9 = 990

6 Kleiner, größer oder gleich? Setze ein: <, > oder =

a) 327 < 372
555 > 554
303 < 313

b) 512 = 512
918 > 819
672 > 276

c) 412 < 422
851 = 851
404 < 606

d) 908 > 809
314 < 413
208 < 802

TH S. 23-24

Rechnen rund um die Zehner und Hunderter

_______________ Datum

1

a) 274 + 6 = 280
274 + 7 = 281
274 + 8 = 282

b) 909 + 1 = 910
909 + 2 = 911
909 + 3 = 912

c) 642 − 2 = 640
642 − 3 = 639
642 − 4 = 638

d) 735 − 5 = 730
735 − 6 = 729
735 − 7 = 728

2

a) Male Aufgaben mit gleicher Summe mit der gleichen Farbe an.

176 + 5 = 181
563 + 9 = 572
327 + 4 = 331
324 + 7 = 331
175 + 6 = 181
569 + 3 = 572

b) Suche dir ein Aufgabenpaar aus.
Begründe, warum die Aufgaben die gleiche Summe haben.
Die Aufgabenpaare haben die gleiche Summe, weil jeweils nur der Einer und die zu addierende Zahl vertauscht sind. Es werden also die gleichen Ziffern addiert.

3

a) 395 + 5 = 400
395 + 6 = 401
395 + 7 = 402

b) 497 + 3 = 500
497 + 4 = 501
497 + 5 = 502

c) 204 − 4 = 200
204 − 5 = 199
204 − 6 = 198

d) 703 − 3 = 700
703 − 4 = 699
703 − 5 = 698

4 Rechne die Aufgaben. Ordne die Lösungsbuchstaben zu.

a) 528 + 2 = 530 F
528 + 5 = 533 O
646 − 6 = 640 R
646 − 8 = 638 M

b) 597 + 3 = 600 O
597 + 6 = 603 V
505 − 5 = 500 A
505 − 8 = 497 L

c) 696 + 4 = 700 R
696 + 7 = 703 U
583 − 3 = 580 N
583 − 8 = 575 D

600 O | 575 D | 530 F | 700 R | 603 V | 640 R
703 U | 533 O | 500 A | 580 N | 638 M | 497 L

5

a)

+	7	9	8
493	500	502	501
595	602	604	603
298	305	307	306

b)

−	6	8	9
202	196	194	193
505	499	497	496
903	897	895	894

TH S. 25

Addieren bis 1000

Datum

1 Welche Additionsaufgaben sind es?

a)
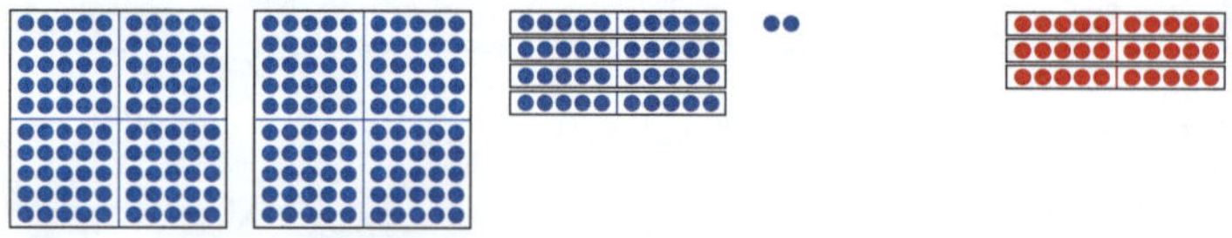

242 + 30 = 272

b)
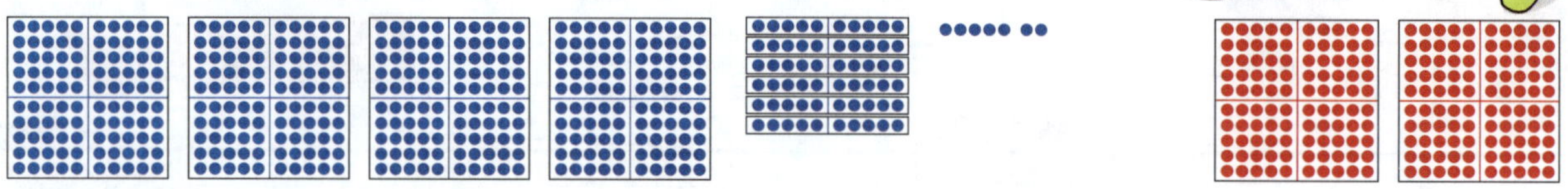

467 + 200 = 667

c)

307 + 300 = 607

2 Zeichne und addiere.

a) 365 + 200 = 565

b) 526 + 100 = 626

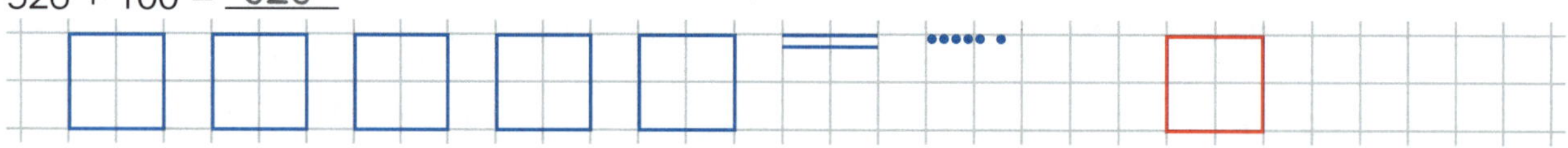

c) 418 + 40 = 458

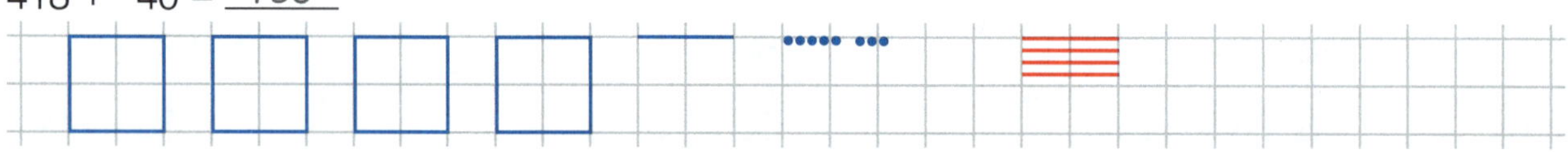

3

a) 816 + 30 = 846
576 + 20 = 596
934 + 50 = 984

b) 703 + 60 = 763
617 + 80 = 697
553 + 10 = 563

c) 503 + 200 = 703
636 + 300 = 936
715 + 100 = 815

d) 854 + 100 = 954
255 + 400 = 655
342 + 500 = 842

4

a) 425 + 40 = 465
601 + 8 = 609
634 + 50 = 684

b) 142 + 30 = 172
239 + 700 = 939
123 + 5 = 128

c) 708 + 200 = 908
471 + 7 = 478
915 + 20 = 935

d) 412 + 7 = 419
873 + 20 = 893
139 + 300 = 439

TH S. 26

Subtrahieren bis 1000

Datum ____________

1 Welche Subtraktionsaufgaben sind es?

a) 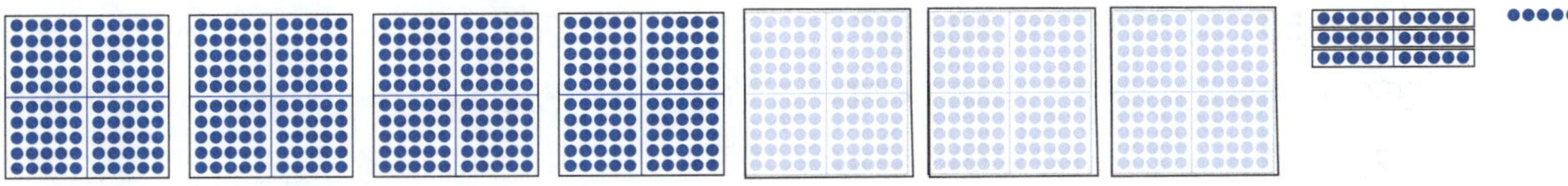

735 − 300 = 435

b) 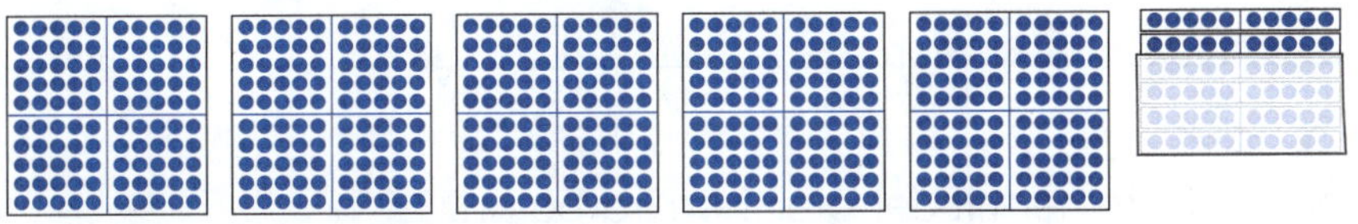

563 − 40 = 523

c) 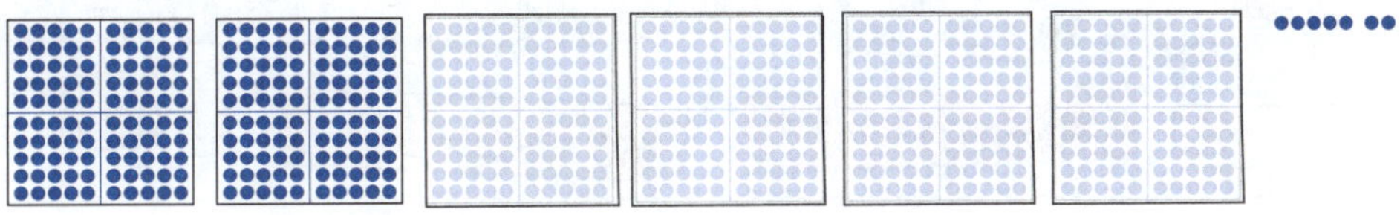

607 − 400 = 207

2 Zeichne und subtrahiere.

a) 473 − 50 = 423

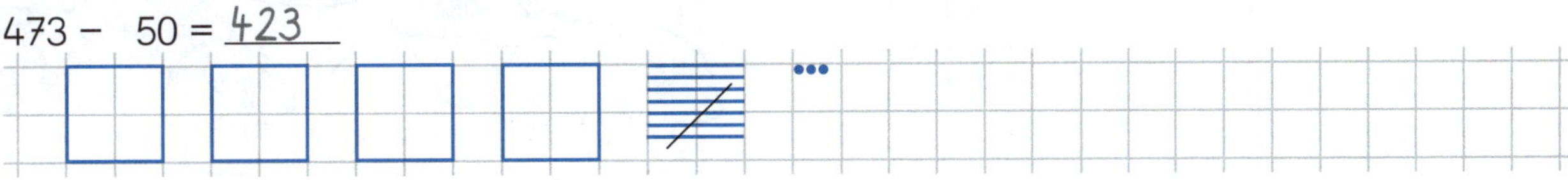

b) 647 − 30 = 617

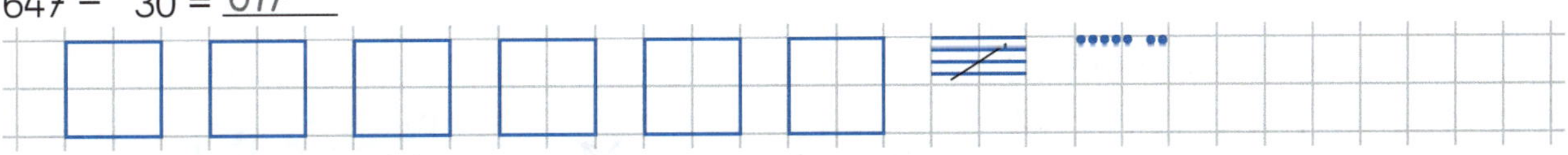

c) 619 − 400 = 219

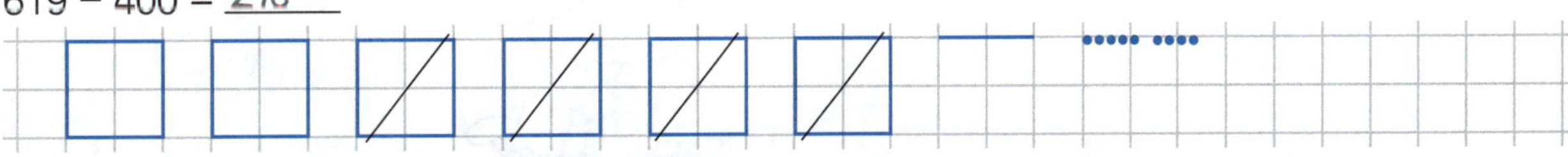

3

a)	b)	c)	d)
529 − 10 = 519	387 − 50 = 337	457 − 300 = 157	682 − 400 = 282
873 − 40 = 833	495 − 60 = 435	907 − 800 = 107	854 − 500 = 354
642 − 20 = 622	786 − 70 = 716	486 − 100 = 386	975 − 600 = 375

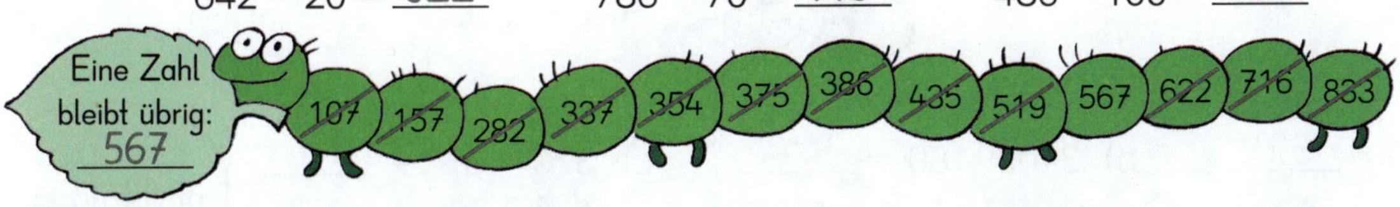

4

a)	b)	c)	d)
461 − 20 = 441	531 − 400 = 131	268 − 40 = 228	957 − 4 = 953
718 − 5 = 713	314 − 3 = 311	928 − 500 = 428	975 − 600 = 375
684 − 60 = 624	954 − 30 = 924	369 − 200 = 169	593 − 70 = 523

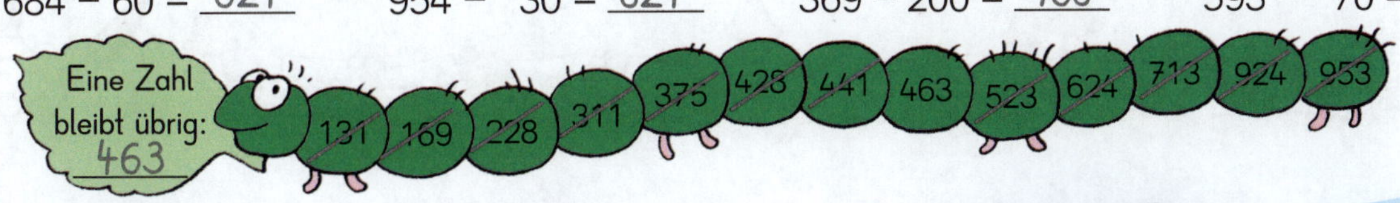

TH S. 27

Addieren von großen Zahlen

______________ Datum

1 Schreibe eine passende Aufgabe dazu. Wie verändert sich die Summe?

a) 390 + 50 = 440
380 + 50 = 430
370 + 50 = 420
360 + 50 = 410

b) 480 + 70 = 550
480 + 60 = 540
480 + 50 = 530
480 + 40 = 520

c) 760 + 80 = 840
750 + 80 = 830
740 + 80 = 820
730 + 80 = 810

d) 540 + 90 = 630
540 + 80 = 620
540 + 70 = 610
540 + 60 = 600

Die Summe wird immer um 10 kleiner.

2 Male Aufgaben mit gleicher Summe mit der gleichen Farbe an.

420 + 90 = 510
360 + 70 = 430
180 + 50 = 230
370 + 60 = 430
280 + 40 = 320
490 + 20 = 510
240 + 80 = 320
150 + 80 = 230

3

+	70	73	78
340	410	413	418
570	640	643	648
450	520	523	528

4 Rechne auf deinem Weg.

a) 560 + 270 = 830

b) 380 + 250 = 630

c) 690 + 180 = 870

d) 450 + 360 = 810

5

a) 420 + 190 = 610
580 + 250 = 830
270 + 360 = 630

b) 340 + 180 = 520
550 + 260 = 810
160 + 660 = 820

c) 370 + 370 = 740
750 + 190 = 940
670 + 260 = 930

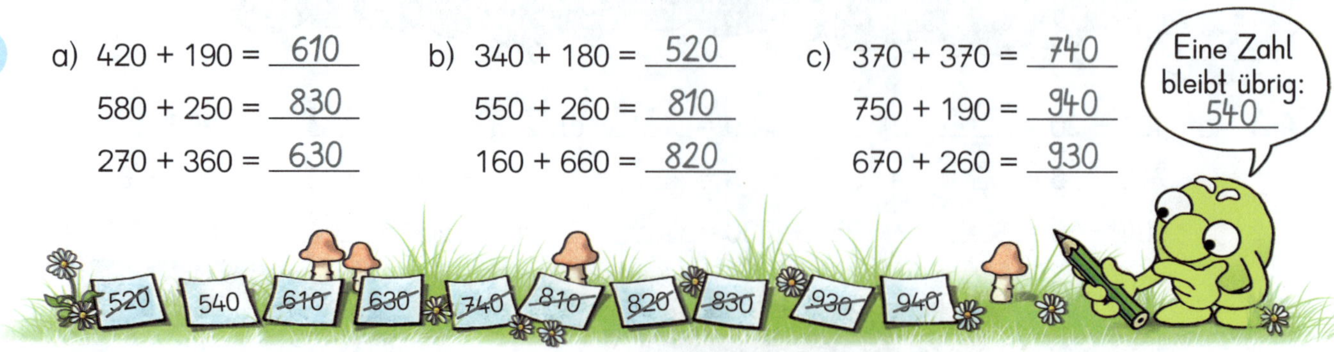

TH S. 28-29

Subtrahieren von großen Zahlen

_______________ Datum

1 Schreibe eine passende Aufgabe dazu. Wie verändert sich die Differenz?

a)	b)	c)	d)
240 − 40 = 200	870 − 60 = 810	450 − 80 = 370	360 − 50 = 310
230 − 40 = 190	870 − 70 = 800	440 − 80 = 360	360 − 60 = 300
220 − 40 = 180	870 − 80 = 790	430 − 80 = 350	360 − 70 = 290
210 − 40 = 170	870 − 90 = 780	420 − 80 = 340	360 − 80 = 280

Die Differenz wird immer um 10 kleiner.

2

−	40	50	30
520	480	470	490
210	170	160	180
630	590	580	600

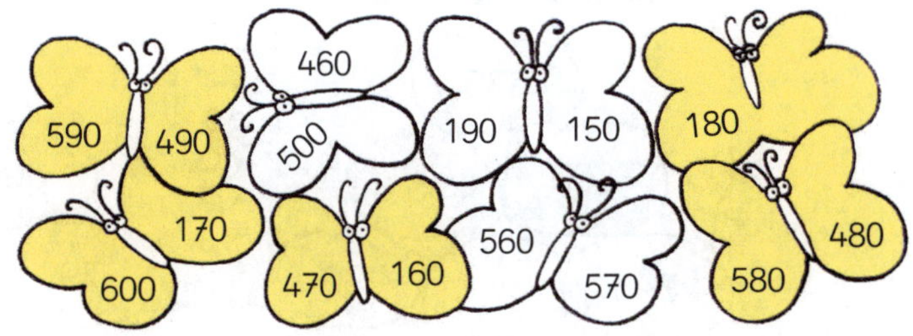

3 Rechne auf deinem Weg.

a) 620 − 470 = 150

b) 510 − 240 = 270

c) 740 − 380 = 360

d) 930 − 650 = 280

4

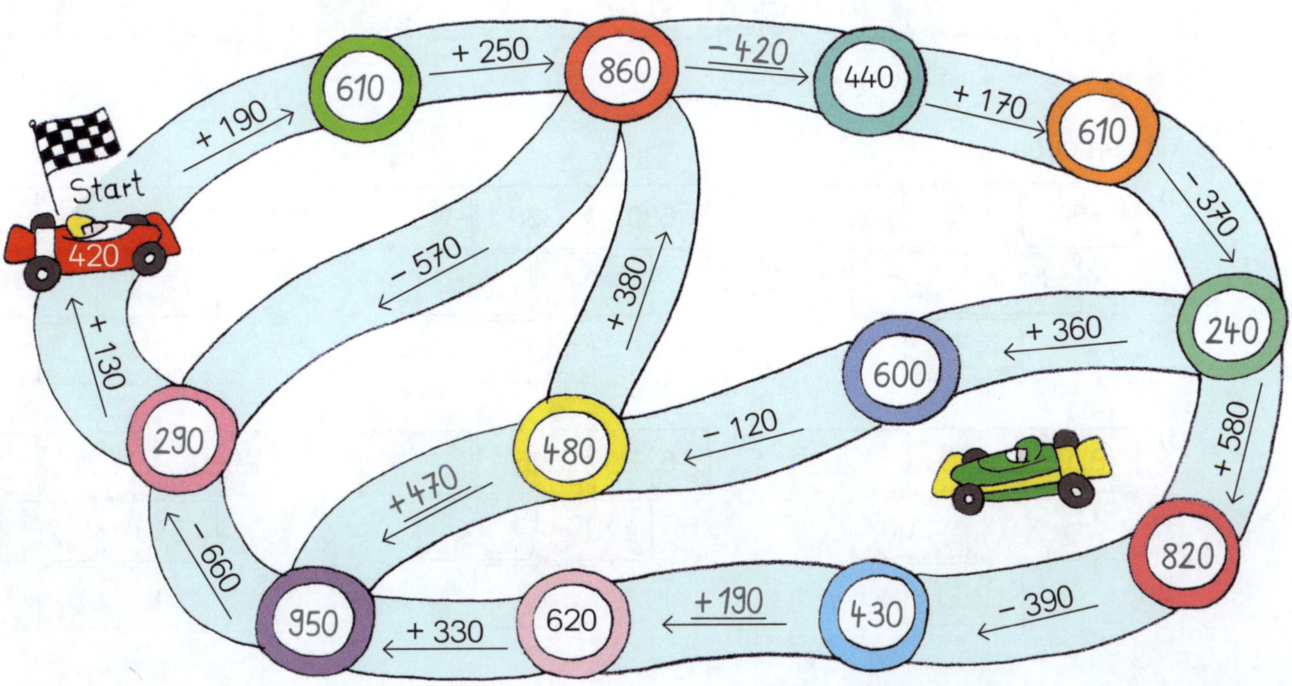

TH S. 30-31

Rechenmauern

Datum

1 Wie musst du die Zahlen verändern, damit das Ergebnis im oberen Stein 520 oder 560 ist?

2 Wie musst du die Zahlen hier verändern?

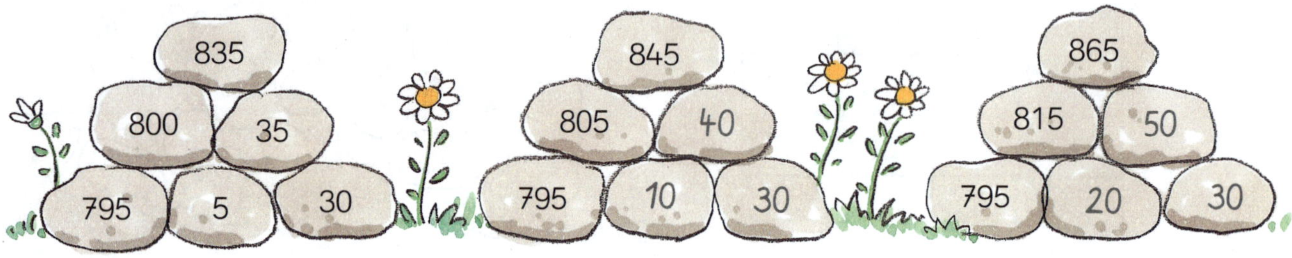

3 Finde verschiedene Möglichkeiten.

(verschiedene Lösungen möglich)

4 Minusmauern

a)
750 250 150
500 100
400

b)
630 330 130
300 200
100

c)
475 225 75
250 150
100

d)
820 420 220
400 200
200

e)
637 237 137
400 100
300

f)
980 400 150
580 250
330

TH S. 33

Halbschriftlich addieren

Datum

1 Rechne auf deinem Weg.

367 + 54 = 421

589 + 75 = 664

348 + 97 = 445

294 + 78 = 372

726 + 95 = 821

455 + 68 = 523

2 Rechne und male die Lösungsfelder an.

+	60	64	67
296	356	360	363
478	538	542	545

+	80	83	85
357	437	440	442
539	619	622	624

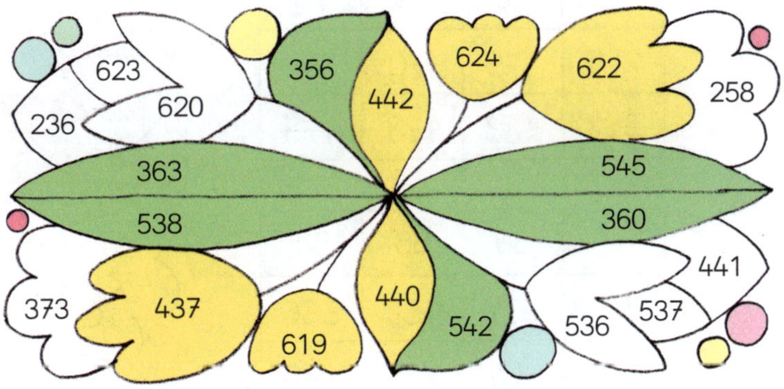

3 Rechne so geschickt wie Flex.

a) 525 + 99 = 624

637 + 99 = 736

487 + 99 = 586

756 + 99 = 855

b) 309 + 99 = 408

412 + 99 = 511

833 + 98 = 931

364 + 97 = 461

4 Rechne geschickt im Kopf.

a) 437 + 69 = 506

583 + 49 = 632

854 + 79 = 933

b) 676 + 59 = 735

948 + 29 = 977

385 + 39 = 424

c) 254 + 78 = 332

726 + 88 = 814

567 + 58 = 625

d) 465 + 67 = 532

389 + 47 = 436

688 + 37 = 725

5 Welche Zahl musst du einsetzen?

a) 375 + 87 = 387 + 75

456 + 64 = 464 + 56

727 + 72 = 772 + 27

b) 761 + 82 = 760 + 83

543 + 67 = 540 + 70

632 + 85 = 630 + 87

c) 237 + 65 = 240 + 62

658 + 74 = 660 + 72

469 + 58 = 470 + 57

TH S. 35-36

Halbschriftlich subtrahieren

Datum

1 Rechne auf deinem Weg.

924 – 67 = 857

811 – 56 = 755

452 – 88 = 364

732 – 44 = 688

664 – 85 = 579

223 – 37 = 186

2 Rechne und male die Lösungsfelder an.

–	70	75	78
245	175	170	167
553	483	478	475

–	50	56	58
724	674	668	666
841	791	785	783

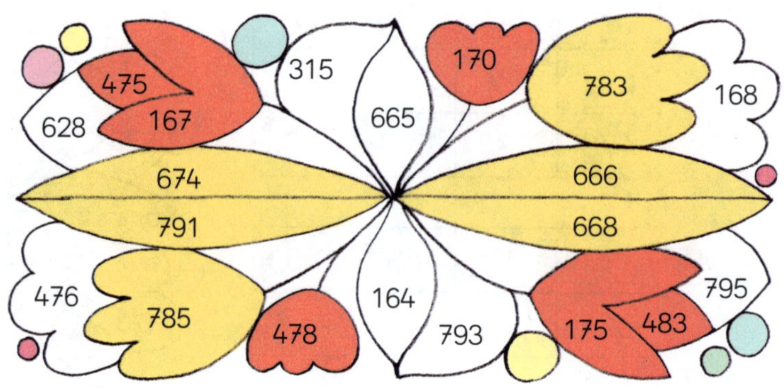

3 Rechne so geschickt wie Flo.

a) 415 – 99 = 316
868 – 99 = 769
913 – 99 = 814
746 – 99 = 647

b) 526 – 99 = 427
457 – 99 = 358
382 – 98 = 284
634 – 97 = 537

4 Rechne geschickt im Kopf.

a) 423 – 59 = 364
531 – 49 = 482
357 – 89 = 268

b) 826 – 39 = 787
503 – 29 = 474
644 – 79 = 565

c) 614 – 28 = 586
472 – 68 = 404
381 – 58 = 323

d) 371 – 87 = 284
634 – 57 = 577
246 – 67 = 179

5 Welches Zeichen musst du einsetzen: + oder – ?

a) 300 (+) 50 = 400 (–) 50
270 (+) 30 = 230 (+) 70
400 (–) 20 = 320 (+) 60

b) 500 (+) 23 = 600 (–) 77
300 (–) 100 = 400 (–) 200
356 (–) 46 = 360 (–) 50

c) 879 (–) 19 = 841 (+) 19
900 (+) 100 = 800 (+) 200
784 (–) 54 = 780 (–) 50

TH S. 38-39

Schriftlich addieren

____
Datum

1 Addiere schriftlich.

a) 412 + 385 = 797

b) 143 + 452 = 595

c) 527 + 161 = 688

d) 235 + 251 = 486

e) 314 + 72 = 386

2 Schreibe stellengerecht untereinander und addiere schriftlich.

a) 248 + 316 b) 639 + 253 c) 504 + 366 d) 485 + 34 e) 353 + 47

a) 248 + 316 = 564

b) 639 + 253 = 892

c) 504 + 366 = 870

d) 485 + 34 = 519

e) 353 + 47 = 400

3 Torwandschießen!
Addiere und male die Bälle mit der passenden Farbe an.

477 + 286 = 763

593 + 172 = 765

237 + 529 = 766

413 + 352 = 765

621 + 142 = 763

436 + 337 = 773

510 + 263 = 773

4 Klecksaufgaben. Welche Ziffern fehlen?

a) 748 + 169 = 917

b) 119 + 327 = 446

c) 466 + 336 = 802

d) 782 + 124 = 906

e) 389 + 245 = 634

5 Ergänze immer so, dass die Summe zwischen 500 und 600 liegt.

a) 379 + □□□ = □□□

b) □□□ + 248 = □□□

c) □□□ + 461 = □□□

d) 352 + □□□ = □□□

e) □□□ + 234 = □□□

(verschiedene Lösungen möglich)

TH S. 43

Schriftlich addieren – Überschlagen

Datum ____________

1 Welcher Überschlag passt? Verbinde erst und rechne dann genau.

Ü.: 250 + 350 = 600

Ü.: 500 + 250 = 750

Ü.: 600 + 150 = 750

Ü.: 700 + 250 = 950

Ü.: 750 + 100 = 850

a) 249 + 372 = 621

b) 583 + 132 = 715

c) 725 + 119 = 844

d) 692 + 243 = 935

e) 475 + 226 = 701

2 Überschlage zuerst, rechne dann genau.

a) 428 + 314

Ü.: 450 + 300 = 750

428 + 314 = 742

b) 279 + 485

Ü.: 300 + 500 = 800

279 + 485 = 764

c) 521 + 342

Ü.: 500 + 350 = 850

521 + 342 = 863

d) 187 + 659

Ü.: 200 + 650 = 850

187 + 659 = 846

3 Rechne nur die Aufgaben, deren Summe größer als 800 und kleiner als 900 ist.

679 + 192 | 524 + 208 | 485 + 374 | 591 + 432

394 + 527 | 243 + 569 | 786 + 94 | 164 + 559

679 + 192 = 871

485 + 374 = 859

243 + 569 = 812

786 + 94 = 880

TH S. 45

Schriftlich addieren – Übungen

Datum ______

1

Flex ist im S C H W I M M B A D.

2 Im Kopf oder schriftlich?

a) 436 + 199 = 635
b) 402 + 176 = 578
c) 427 + 278 = 705
d) 398 + 243 = 641
e) 227 + 635 = 862
f) 536 + 203 = 739

3 Immer zwei Zahlen ergeben die Summe 1000. Male sie mit der gleichen Farbe an.

510 | 730 | 891 | 696 | 490 | 270 | 109 | 304

4 Lange Zahlen.

	4739506824105279684539450231824
+	3284190562794518637041532768392
	8023697386899798321580983000216

TH S. 47

Schriftlich subtrahieren

Datum ____________

1 Subtrahiere schriftlich.

a) 563 − 231 = 332
b) 859 − 643 = 216
c) 698 − 563 = 135
d) 745 − 324 = 421

2 Schreibe stellengerecht untereinander und subtrahiere schriftlich.

a) 476 − 248 b) 428 − 79 c) 927 − 569 d) 654 − 368

a) 476 − 248 = 228
b) 428 − 79 = 349
c) 927 − 569 = 358
d) 654 − 368 = 286

3 Erkennst du die Regel? Setze fort.

a)
987 − 222 = 765
876 − 222 = 654
765 − 222 = 543
654 − 222 = 432
543 − 222 = 321

b)
432 − 111 = 321
543 − 222 = 321
654 − 333 = 321
765 − 444 = 321
876 − 555 = 321

4 Klecksaufgaben. Welche Ziffern fehlen?

a) 537 − 225 = 312
b) 798 − 574 = 224
c) 645 − 321 = 324
d) 696 − 241 = 455
e) 465 − 224 = 241

5 Die Differenz ist immer 234. Finde passende Zahlen.

a) 768 − 534 = 234
b) □□□ − □□□ = 234
c) □□□ − □□□ = 234
d) □□□ − □□□ = 234
e) □□□ − □□□ = 234

(verschiedene Lösungen möglich)

TH S. 50-51

Schriftlich subtrahieren – Überschlagen

_______________ Datum

1 Welcher Überschlag passt? Verbinde erst und rechne dann genau.

- Ü.: 650 – 200 = 450
- Ü.: 800 – 500 = 300
- Ü.: 300 – 200 = 100
- Ü.: 600 – 250 = 350
- Ü.: 750 – 500 = 250

a) 289 – 192 = 97

b) 597 – 272 = 325

c) 819 – 482 = 337

d) 653 – 218 = 435

e) 726 – 492 = 234

2 Überschlage zuerst, rechne dann genau.

a) 615 – 183

Ü.: 600 – 200 = 400

615 – 183 = 432

b) 739 – 375

Ü.: 750 – 400 = 350

739 – 375 = 364

c) 573 – 228

Ü.: 550 – 250 = 300

573 – 228 = 345

d) 847 – 384

Ü.: 850 – 400 = 450

847 – 384 = 463

3 Rechne nur die Aufgaben, deren Differenz größer als 200 und kleiner als 300 ist.

821 – 567	572 – 394	917 – 584	512 – 264
476 – 259	613 – 215	953 – 447	725 – 518

821 – 567 = 254

512 – 264 = 248

476 – 259 = 217

725 – 518 = 207

TH S. 52

Schriftlich subtrahieren – Probe

Datum ______________

1 Hat Flex richtig gerechnet?
Kontrolliere mit der Probe (P.) und kreuze richtig (r) oder falsch (f) an.

a)
```
  583
- 412
  171
```
r [X] f [ ]

P.:
```
  171
+ 412
  583
```

b)
```
  927
- 569
  348
```
r [ ] f [X]

P.:
```
  348
+ 569
   11
  917
```

c)
```
  645
- 179
  456
```
r [ ] f [X]

P.:
```
  456
+ 179
  11
  635
```

d)
```
  781
- 589
  192
```
r [X] f [ ]

P.:
```
  192
+ 589
  11
  781
```

e)
```
  327
-  58
  269
```
r [X] f [ ]

P.:
```
  269
+  58
  11
  327
```

f)
```
  447
- 278
  149
```
r [ ] f [X]

P.:
```
  149
+ 278
  11
  427
```

2 Überschlage erst, subtrahiere schriftlich und rechne dann die Probe.

a) 523 – 258

Ü.: 500 – 250 = 250

```
  523        P.:  265
- 258           + 258
                  11
  265             523
```

b) 912 – 635

Ü.: 900 – 650 = 250

```
  912        P.:  277
- 635           + 635
                  11
  277             912
```

c) 618 – 435

Ü.: 600 – 450 = 150

```
  618        P.:  183
- 435           + 435
                  1
  183             618
```

d) 733 – 576

Ü.: 750 – 600 = 150

```
  733        P.:  157
- 576           + 576
                  11
  157             733
```

TH S. 53

Schriftlich subtrahieren – Übungen

Datum ____________

1

Aufgabe	Ergebnis	Korb
639 − 248	391	E
428 − 374	54	R
672 − 194	478	D
718 − 263	455	B
861 − 354	507	E
546 − 261	285	E
923 − 255	668	R
421 − 239	182	E
681 − 326	355	I
567 − 342	225	S

Luftballons: E 507, S 225, E 391, R 668, R 54, E 285, H 371, B 455, F 217, I 355, D 478, E 182

Flo liebt E R D B E E R E I S.

2 Im Kopf oder schriftlich?

a) 1000 − 497 = 503
b) 842 − 502 = 340
c) 639 − 453 = 186
d) 317 − 217 = 100
e) 546 − 298 = 248
f) 465 − 287 = 178

3 Lange Zahlen.

a)

```
  876511984569210
- 300287547812565
-----------------
  576224436756645
```

b)

```
  9568746389250714862534786095592
- 6146534867048593747623082453 71
```

```
  95687463892507148625347860959 2
```

b)

```
  956874638925071486253478609592
- 614653486704859374762308245371
--------------------------------
  342221152220212111491170364221
```

TH S. 56

Wiederholung und Vertiefung

______________ Datum

1 Verbinde die Produkte der Reihe nach.

a) 4 · 10 = 40
b) 5 · 5 = 25
c) 9 · 2 = 18
d) 6 · 6 = 36
e) 5 · 9 = 45
f) 7 · 7 = 49

g) 9 · 8 = 72
h) 4 · 5 = 20
i) 7 · 6 = 42
j) 3 · 5 = 15
k) 9 · 9 = 81
l) 5 · 7 = 35

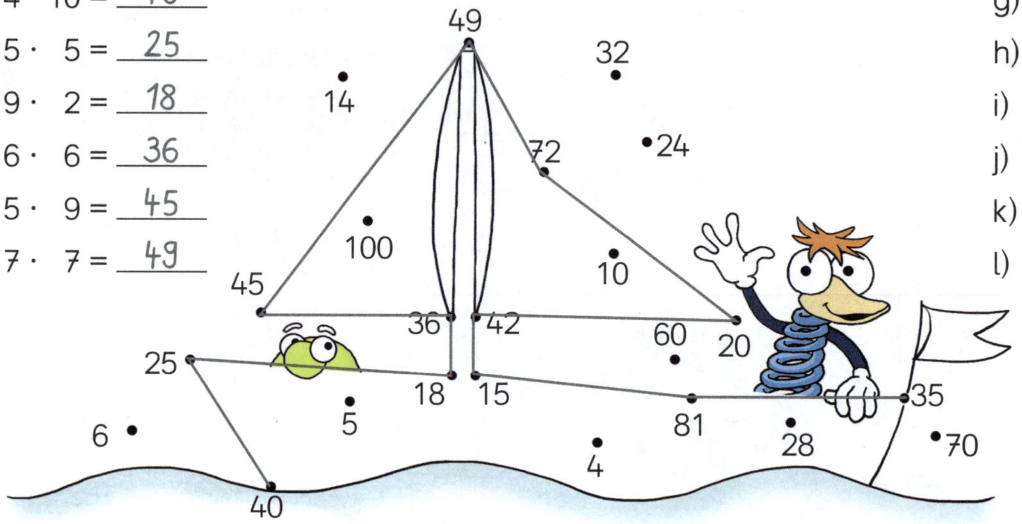

2 Welche Multiplikationsaufgaben können es sein?

(verschiedene Lösungen möglich)

3 a)

·	3	6	9
5	15	30	45
4	12	24	36
7	21	42	63

b)

·	2	5	4
7	14	35	28
8	16	40	32
0	0	0	0

c)

·	8	7	3
6	48	42	18
9	72	63	27
4	32	28	12

4 Hier fällt etwas auf.

a) 4 · 3 = 12
2 · 6 = 12

b) 6 · 2 = 12
3 · 4 = 12

c) 10 · 4 = 40
5 · 8 = 40

d) 4 · 5 = 20
2 · 10 = 20

e) 6 · 4 = 24
3 · 8 = 24

f) 8 · 3 = 24
4 · 6 = 24

g) 8 · 4 = 32
4 · 8 = 32

h) 2 · 6 = 12
1 · 12 = 12

Die erste Zahl wird halbiert, die zweite Zahl wird verdoppelt.
Das Produkt bleibt gleich.

TH S. 5

Wiederholung und Vertiefung

Datum ____________

1 Male mit der richtigen Farbe an.

(gelb) 4, 8, 10

(rot) 3, 6, 9

2

a)

:	5
15	3
25	5
45	9

b)

:	6
12	2
24	4
30	5

c)

:	7
21	3
28	4
63	9

d)

:	8
16	2
24	3
64	8

e)

:	9
18	2
54	6
81	9

3

a) 90 : 10 = 9
36 : 4 = 9
45 : 5 = 9

b) 28 : 4 = 7
56 : 8 = 7
49 : 7 = 7

c) 50 : 10 = 5
35 : 7 = 5
40 : 8 = 5

d) 16 : 4 = 4
24 : 6 = 4
36 : 9 = 4

4 Hier bleibt immer ein Rest.

a) 13 : 2 = 6 R 1
22 : 6 = 3 R 4
30 : 4 = 7 R 2

b) 40 : 7 = 5 R 5
51 : 9 = 5 R 6
29 : 3 = 9 R 2

c) 36 : 5 = 7 R 1
47 : 6 = 7 R 5
57 : 7 = 8 R 1

5 Male mit der richtigen Farbe an. (rot) Rest 1 (blau) Rest 2 (gelb) Rest 3 (grün) Rest 4

6 Durch welche Zahl wurde dividiert?

a) 17 : 3 = 5 R 2
33 : 4 = 8 R 1

b) 25 : 6 = 4 R 1
38 : 6 = 6 R 2

c) 22 : 10 = 2 R 2
43 : 5 = 8 R 3

d) 50 : 7 = 7 R 1
44 : 10 = 4 R 4

TH S. 6-7

Datum

1 Schreibe die passende Gleichung auf und rechne.

a) Multipliziere 4 mit 5 und addiere 36.
$4 \cdot 5 + 36$
$20 + 36 = 56$

b) Dividiere 72 durch 8 und addiere 51.
$72 : 8 + 51$
$9 + 51 = 60$

c) Multipliziere 9 mit 10 und subtrahiere 45.
$9 \cdot 10 - 45$
$90 - 45 = 45$

d) Dividiere 100 durch 2 und subtrahiere 25.
$100 : 2 - 25$
$50 - 25 = 25$

2

a)
$5 \cdot 6 + 15 = 30 + 15 = 45$
$78 - 3 \cdot 2 = 78 - 6 = 72$
$60 : 2 - 12 = 30 - 12 = 18$
$49 + 7 \cdot 4 = 49 + 28 = 77$

b)
$27 + 3 \cdot 7 = 27 + 21 = 48$
$56 : 7 - 6 = 8 - 6 = 2$
$6 \cdot 3 + 19 = 18 + 19 = 37$
$41 - 9 : 3 = 41 - 3 = 38$

3

a)
$7 \cdot 4 + 8 \cdot 3 = 28 + 24 = 52$
$9 : 3 + 7 \cdot 5 = 3 + 35 = 38$
$8 \cdot 10 - 64 : 8 = 80 - 8 = 72$

b)
$98 - 3 \cdot 9 + 5 = 98 - 27 + 5 = 76$
$54 + 14 : 7 - 6 = 54 + 2 - 6 = 50$
$65 - 20 : 2 + 24 = 65 - 10 + 24 = 79$

4 Flo hat Fehler gemacht. Welche Ergebnisse sind falsch? Kreuze an.

a) $20 - 10 : 2 = 5$ ☒

b) $2 + 4 \cdot 9 = 54$ ☒

c) $30 - 4 \cdot 5 = 10$ ☐

d) $16 + 16 : 8 = 4$ ☒

5 Setze die Rechenzeichen (·), (:), (+), (−) richtig ein.

a)
6 (·) 2 (+) 7 = 19
45 (:) 9 (+) 20 = 25
64 (−) 7 (·) 3 = 43

b)
90 (:) 10 (−) 5 = 4
36 (+) 4 (·) 2 = 44
7 (·) 8 (−) 6 = 50

c)
8 (·) 5 (−) 60 (:) 6 = 30
25 (:) 5 (+) 42 (:) 6 = 12
4 (·) 3 (−) 10 (:) 5 = 10

TH S. 11

Multiplizieren mit Zehnerzahlen

Datum ____________

1 Wie viele gelbe Perlen sind es?

a) 3 Tüten 60 Perlen
b) 5 Tüten 100 Perlen
c) 8 Tüten 160 Perlen

2 Wie viele rote Perlen sind es?

a) 4 Tüten 160 Perlen
b) 6 Tüten 240 Perlen
c) 9 Tüten 360 Perlen

3 Wie viele blaue Perlen sind es?

a) 2 Tüten 120 Perlen
b) 5 Tüten 300 Perlen
c) 7 Tüten 420 Perlen

4 Flo stellt Ketten her. Für jede Kette braucht er 30 blaue Perlen.

a) 3 Ketten 90 Perlen
b) 5 Ketten 150 Perlen
c) 9 Ketten 270 Perlen
d) 7 Ketten 210 Perlen

5 Flex braucht für eine Kette 20 blaue und fünf gelbe Perlen.

a) 4 Ketten 100 Perlen

4 · 20 = 80
4 · 5 = 20
80 + 20 = 100

b) 6 Ketten 150 Perlen

6 · 20 = 120
6 · 5 = 30
120 + 30 = 150

6 Flo nimmt für eine Kette 20 rote Perlen. Wie viele Tüten braucht er?

a) 4 Ketten 2 Tüten

4 · 20 = 80
2 · 40 = 80

b) 8 Ketten 4 Tüten

8 · 20 = 160
4 · 40 = 160

7

a)

·	20	60	80
2	40	120	160
4	80	240	320
8	160	480	640

b)

·	30	70	90
3	90	210	270
6	180	420	540
9	270	630	810

c)

·	40	30	50
7	280	210	350
5	200	150	250
8	320	240	400

TH S. 13-14

Dividieren durch Zehnerzahlen und Einerzahlen

______________ Datum

1

a) 28 : 4 = 7
280 : 40 = 7

b) 42 : 7 = 6
420 : 70 = 6

c) 45 : 5 = 9
450 : 50 = 9

d) 72 : 9 = 8
720 : 90 = 8

2

a) 320 : 80 = 4 P.: 4 · 80 = 320
600 : 60 = 10 P.: 10 · 60 = 600
180 : 20 = 9 P.: 9 · 20 = 180

b) 250 : 50 = 5 P.: 5 · 50 = 250
360 : 40 = 9 P.: 9 · 40 = 360
490 : 70 = 7 P.: 7 · 70 = 490

3

a) 250 : 40 = 6 R 10
290 : 30 = 9 R 20

b) 130 : 20 = 6 R 10
190 : 50 = 3 R 40

c) 430 : 80 = 5 R 30
350 : 60 = 5 R 50

4

a) 24 : 4 = 6
240 : 4 = 60

b) 35 : 5 = 7
350 : 5 = 70

c) 27 : 9 = 3
270 : 9 = 30

d) 48 : 8 = 6
480 : 8 = 60

5 Male Aufgaben mit gleichem Ergebnis mit der gleichen Farbe an.

210 : 3 | 160 : 4 | 420 : 6 | 250 : 5 | 120 : 2
350 : 7 | 240 : 8 | 300 : 5 | 360 : 9 | 270 : 9

6

a)

:	9
180	20
630	70
450	50

b)

:	4
320	80
200	50
400	100

c)

:	30
90	3
270	9
180	6

d)

:	50
450	9
150	3
350	7

7

a) 4 | 120 | 30

4 · 30 = 120	120 : 30 = 4
30 · 4 = 120	120 : 4 = 30

b) 7 | 140 | 20

7 · 20 = 140	140 : 20 = 7
20 · 7 = 140	140 : 7 = 20

c) 60 | 540 | 9

60 · 9 = 540	540 : 9 = 60
9 · 60 = 540	540 : 60 = 9

d) 70 | 420 | 6

70 · 6 = 420	420 : 6 = 70
6 · 70 = 420	420 : 70 = 6

TH S. 16-17

Kettenaufgaben

Datum

1 Mit welcher Zahl muss multipliziert oder durch welche Zahl muss dividiert werden?

a) 5 $\xrightarrow{\cdot\ 30}$ 150 b) 420 $\xrightarrow{:\ 60}$ 7

c) 120 $\xrightarrow{:\ 2}$ 60 d) 160 $\xrightarrow{:\ 10}$ 16

e) 70 $\xrightarrow{\cdot\ 8}$ 560 f) 90 $\xrightarrow{\cdot\ 8}$ 720

2

a) 5 $\xrightarrow{\cdot 8}$ 40 $\xrightarrow{: 10}$ 4 $\xrightarrow{\cdot 80}$ 320 $\xrightarrow{: 40}$ 8 $\xrightarrow{\cdot 5}$ 40

b) 35 $\xrightarrow{\cdot 10}$ 350 $\xrightarrow{: 70}$ 5 $\xrightarrow{\cdot 2}$ 10 $\xrightarrow{\cdot 10}$ 100 $\xrightarrow{\cdot 5}$ 500

c) 280 $\xrightarrow{: 7}$ 40 $\xrightarrow{\cdot 4}$ 160 $\xrightarrow{: 20}$ 8 $\xrightarrow{\cdot 30}$ 240 $\xrightarrow{: 6}$ 40

d) 180 $\xrightarrow{: 9}$ 20 $\xrightarrow{\cdot 10}$ 200 $\xrightarrow{: 40}$ 5 $\xrightarrow{\cdot 100}$ 500 $\xrightarrow{\cdot 2}$ 1000

3 Wie heißt die Zahl? Löse mit einer Kettenaufgabe.

a) Multipliziere die Zahl mit 5. Dividiere das Ergebnis durch 4, dann multipliziere mit 6. Du erhältst 300.

b) Dividiere die Zahl durch 8. Multipliziere das Ergebnis mit 3, dann dividiere durch 60. Du erhältst 4.

c) Multipliziere die Zahl mit 50. Addiere dann 10, dividiere durch 4 und multipliziere mit 3. Du erhältst 270.

a) 40 $\xrightarrow{\cdot 5}$ 200 $\xrightarrow{: 4}$ 50 $\xrightarrow{\cdot 6}$ 300

b) 640 $\xrightarrow{: 8}$ 80 $\xrightarrow{\cdot 3}$ 240 $\xrightarrow{: 60}$ 4

c) 7 $\xrightarrow{\cdot 50}$ 350 $\xrightarrow{+ 10}$ 360 $\xrightarrow{: 4}$ 90 $\xrightarrow{\cdot 3}$ 270

4

a) 90 $\xrightarrow{\cdot 2}$ 180 $\xrightarrow{: 60}$ 3 $\xrightarrow{\cdot 40}$ 120 b) 160 $\xrightarrow{: 40}$ 4 $\xrightarrow{\cdot 60}$ 240 $\xrightarrow{: 8}$ 30

c) 4 $\xrightarrow{\cdot 30}$ 120 $\xrightarrow{: 2}$ 60 $\xrightarrow{\cdot 10}$ 600 d) 60 $\xrightarrow{: 3}$ 20 $\xrightarrow{\cdot 10}$ 200 $\xrightarrow{: 4}$ 50

5 Löse die Kettenaufgaben. Du darfst die Rechenzeichen (·), (:), (+) und (−) verwenden.

a) 40 ⟶ ____ ⟶ ____ ⟶ ____ ⟶ ____ ⟶ 20

b) 8 ⟶ ____ ⟶ ____ ⟶ ____ ⟶ ____ ⟶ 6

(verschiedene Lösungen möglich)

TH S. 18

Halbschriftlich multiplizieren

Datum ____________

1 Rechne in Schritten.

a)
$6 \cdot 16 = 96$
$6 \cdot 10 = 60$
$6 \cdot 6 = 36$

b)
$8 \cdot 19 = 152$
$8 \cdot 10 = 80$
$8 \cdot 9 = 72$

c)
$7 \cdot 28 = 196$
$7 \cdot 20 = 140$
$7 \cdot 8 = 56$

d)
$5 \cdot 64 = 320$
$5 \cdot 60 = 300$
$5 \cdot 4 = 20$

e)
$6 \cdot 38 = 228$
$6 \cdot 30 = 180$
$6 \cdot 8 = 48$

f)
$8 \cdot 43 = 344$
$8 \cdot 40 = 320$
$8 \cdot 3 = 24$

2

a)

·	10	3	
4	40	12	52

b)

·	10	5	
8	80	40	120

c)

·	10	7	
6	60	42	102

d)

·	20	4	
5	100	20	120

e)

·	50	2	
7	350	14	364

f)

·	30	5	
9	270	45	315

3

a) $8 \cdot 16 = 80 + 48 = 128$
$5 \cdot 23 = 100 + 15 = 115$
$7 \cdot 26 = 140 + 42 = 182$
$9 \cdot 27 = 180 + 63 = 243$

b) $4 \cdot 45 = 160 + 20 = 180$
$7 \cdot 32 = 210 + 14 = 224$
$4 \cdot 48 = 160 + 32 = 192$
$6 \cdot 54 = 300 + 24 = 324$

4 Rechne auf deinem Weg.

a) $76 \cdot 4 = 304$ b) $58 \cdot 7 = 406$ c) $93 \cdot 6 = 558$

76 · 4
oder 4 · 76

5 Klecksaufgaben. Welche Ziffern fehlen?

a)
$8 \cdot 15 = 120$
$8 \cdot 10 = 80$
$8 \cdot 5 = 40$

b)
$4 \cdot 28 = 112$
$4 \cdot 20 = 80$
$4 \cdot 8 = 32$

c)
$6 \cdot 18 = 108$
$6 \cdot 10 = 60$
$6 \cdot 8 = 48$

d)
$7 \cdot 35 = 245$
$7 \cdot 30 = 210$
$7 \cdot 5 = 35$

e)
$23 \cdot 7 = 161$
$20 \cdot 7 = 140$
$3 \cdot 7 = 21$

f)
$45 \cdot 8 = 360$
$40 \cdot 8 = 320$
$5 \cdot 8 = 40$

g)
$31 \cdot 6 = 186$
$30 \cdot 6 = 180$
$1 \cdot 6 = 6$

TH S. 19-20

Geschickt rechnen

Datum ______

1 Rechne geschickt.

a) 9 · 12 = 108
9 · 13 = 117

b) 9 · 26 = 234
9 · 25 = 225

c) 9 · 34 = 306
9 · 37 = 333

d) 9 · 52 = 468
9 · 54 = 486

2

a) 11 · 26 = 286
11 · 22 = 242

b) 11 · 43 = 473
11 · 41 = 451

c) 11 · 71 = 781
11 · 73 = 803

d) 11 · 32 = 352
11 · 35 = 385

3

a) 2 · 39 = 78
2 · 29 = 58

b) 5 · 49 = 245
5 · 79 = 395

c) 19 · 8 = 152
89 · 8 = 712

d) 59 · 6 = 354
49 · 6 = 294

4 Die 3. Klassen der Sonnenschule besuchen das Burgtheater. Rechne geschickt.

a) Das Burgtheater hat elf Reihen.
In jede Reihe passen 24 Personen.
Insgesamt passen 264 Personen in das Burgtheater.

b) In der Klasse 3b sind 29 Kinder.
Der Theatereintritt kostet für jedes Kind 5 €.
Insgesamt kostet der Theatereintritt für die Kinder 145 €.

c) Die Lehrerin kauft in der Pause sechs Tüten mit Süßigkeiten. Jede Tüte kostet 99 ct.
Insgesamt kosten die Süßigkeiten 5 € 94 ct

5 Multipliziere in einer geschickten Reihenfolge.

a)
2 · 29 · 5 = 290
5 · 89 · 2 = 890
9 · 4 · 5 = 180
5 · 7 · 4 = 140
5 · 8 · 7 = 280
6 · 9 · 5 = 270
9 · 8 · 5 = 360

b)
4 · 8 · 25 = 800
25 · 9 · 4 = 900
50 · 7 · 2 = 700
9 · 2 · 50 = 900
35 · 2 · 8 = 560
2 · 8 · 25 = 400
35 · 6 · 2 = 420

TH S. 21

Vielfache, Teiler, Teilbarkeit

Datum ____________

1 Streiche alle Zahlen durch, die keine Vielfachen sind.

a) Vielfache von 3: 3, 15, ~~20~~, 12, 21, ~~14~~, 30, 33, ~~10~~

b) Vielfache von 6: 42, 18, ~~20~~, 24, ~~32~~, 60, 54, ~~52~~, 30

2 Schreibe die ersten zehn Vielfachen dieser Zahlen auf.
Welche Vielfachen haben die beiden Zahlen gemeinsam? Kreise ein.

Vielfache von 4: 4, 8, (12), 16, 20, (24), 28, 32, (36), 40

Vielfache von 6: 6, (12), 18, (24), 30, (36), 42, 48, 54, 60

3

a) das Siebenfache von 10 — 70

b) das Achtfache von 50 — 400

c) das Vierfache von 80 — 320

d) das Dreifache von 100 — 300

e) das Einfache von 27 — 27

f) das Zehnfache von 36 — 360

4 Streiche alle Zahlen durch, die keine Teiler sind.

a) Teiler von 12: 1, 2, 3, 4, ~~5~~, 6, 12

b) Teiler von 15: 1, ~~2~~, 3, 5, ~~6~~, ~~8~~, ~~10~~, 15

c) Teiler von 30: 1, 2, 3, ~~4~~, 5, 6, ~~8~~, 10, ~~13~~, 15, 30

5

a) Welchen Teiler außer 1 haben die Zahlen 25, 30, 45 gemeinsam? 5

b) Welchen Teiler außer 1 haben die Zahlen 21, 35, 49 gemeinsam? 7

6 Male alle Felder rot an, deren Zahlen durch 2, durch 5 oder durch 10 teilbar sind.

51	60	955	212	509	656	553	101	17	76	190	140	999
803	324	11	803	627	14	641	37	763	816	97	742	13
777	20	330	8	593	900	109	3	299	705	891	908	759
9	118	509	91	881	415	43	9	303	38	13	75	713
201	86	203	7	99	782	44	995	977	302	755	64	79

7 Was stimmt? Kreuze an.

- [X] Das Doppelte von 15 ist durch 2 teilbar.
- [X] Das Achtfache von 5 ist durch 10 teilbar.
- [ ] Die Hälfte von 48 ist durch 5 teilbar.
- [X] Der neunte Teil von 72 ist durch 2 teilbar.

TH S. 24-26

Halbschriftlich dividieren

Datum ____________

1 Dividiere wie Flex und rechne auch die Probe.

a)
56 : 4 = 14
40 : 4 = 10
16 : 4 = 4

P.:
14 · 4 = 56
10 · 4 = 40
4 · 4 = 16

b)
64 : 4 = 16
40 : 4 = 10
24 : 4 = 6

P.:
16 · 4 = 64
10 · 4 = 40
6 · 4 = 24

c)
72 : 4 = 18
40 : 4 = 10
32 : 4 = 8

P.:
18 · 4 = 72
10 · 4 = 40
8 · 4 = 32

d)
60 : 4 = 15
40 : 4 = 10
20 : 4 = 5

P.:
15 · 4 = 60
10 · 4 = 40
5 · 4 = 20

e)
76 : 4 = 19
40 : 4 = 10
36 : 4 = 9

P.:
19 · 4 = 76
10 · 4 = 40
9 · 4 = 36

2

a)
57 : 3 = 19
30 : 3 = 10
27 : 3 = 9

b)
91 : 7 = 13
70 : 7 = 10
21 : 7 = 3

c)
85 : 5 = 17
50 : 5 = 10
35 : 5 = 7

d)
78 : 6 = 13
60 : 6 = 10
18 : 6 = 3

e)
98 : 7 = 14
70 : 7 = 10
28 : 7 = 4

f)
96 : 8 = 12
80 : 8 = 10
16 : 8 = 2

3 Dividiere wie Flo in zwei Schritten.

a)
87 : 3 = 29
60 : 3 = 20
27 : 3 = 9

b)
88 : 4 = 22
80 : 4 = 20
8 : 4 = 2

c)
93 : 3 = 31
90 : 3 = 30
3 : 3 = 1

d)
96 : 2 = 48
80 : 2 = 40
16 : 2 = 8

e)
64 : 2 = 32
60 : 2 = 30
4 : 2 = 2

f)
92 : 4 = 23
80 : 4 = 20
12 : 4 = 3

g)
78 : 3 = 26
60 : 3 = 20
18 : 3 = 6

h)
96 : 4 = 24
80 : 4 = 20
16 : 4 = 4

TH S. 27

Halbschriftlich dividieren

Datum

1 Dividiere wie Flex.

a)
469 : 7 = 67
420 : 7 = 60
49 : 7 = 7

b)
328 : 4 = 82
320 : 4 = 80
8 : 4 = 2

c)
224 : 4 = 56
200 : 4 = 50
24 : 4 = 6

d)
192 : 6 = 32
180 : 6 = 30
12 : 6 = 2

e)
272 : 8 = 34
240 : 8 = 30
32 : 8 = 4

f)
315 : 9 = 35
270 : 9 = 30
45 : 9 = 5

g)
497 : 7 = 71
490 : 7 = 70
7 : 7 = 1

h)
435 : 5 = 87
400 : 5 = 80
35 : 5 = 7

2 Klecksaufgaben. Welche Ziffern fehlen?

a)
399 : 7 = 57
350 : 7 = 50
49 : 7 = 7

b)
144 : 3 = 48
120 : 3 = 40
24 : 3 = 8

c)
576 : 9 = 64
540 : 9 = 60
36 : 9 = 4

d)
336 : 4 = 84
320 : 4 = 80
16 : 4 = 4

e)
516 : 6 = 86
480 : 6 = 80
36 : 6 = 6

f)
456 : 8 = 57
400 : 8 = 50
56 : 8 = 7

3 Rechne im Kopf und beschreibe bei jedem Päckchen, was dir auffällt.

a)
560 : 8 = 70
568 : 8 = 71
576 : 8 = 72
584 : 8 = 73

b)
360 : 6 = 60
354 : 6 = 59
348 : 6 = 58
342 : 6 = 57

c)
420 : 7 = 60
427 : 7 = 61
434 : 7 = 62
441 : 7 = 63

d)
500 : 5 = 100
495 : 5 = 99
490 : 5 = 98
485 : 5 = 97

a) Das Ergebnis wird immer um 1 größer.

b) Das Ergebnis wird immer um 1 kleiner.

c) Das Ergebnis wird immer um 1 größer.

d) Das Ergebnis wird immer um 1 kleiner.

TH S. 28

Halbschriftlich dividieren mit Rest

_______________ Datum

1 Dividiere wie Flo und rechne auch die Probe.

a)
75 : 6 = 12 R 3
60 : 6 = 10
15 : 6 = 2 R 3

P.:
12 · 6 = 72
10 · 6 = 60
2 · 6 = 12

72 + 3 = 75

b)
73 : 3 = 24 R 1
60 : 3 = 20
13 : 3 = 4 R 1

P.:
24 · 3 = 72
20 · 3 = 60
4 · 3 = 12

72 + 1 = 73

c)
86 : 3 = 28 R 2
60 : 3 = 20
26 : 3 = 8 R 2

P.:
28 · 3 = 84
20 · 3 = 60
8 · 3 = 24

84 + 2 = 86

d)
97 : 4 = 24 R 1
80 : 4 = 20
17 : 4 = 4 R 1

P.:
24 · 4 = 96
20 · 4 = 80
4 · 4 = 16

96 + 1 = 97

e)
87 : 6 = 14 R 3
60 : 6 = 10
27 : 6 = 4 R 3

P.:
14 · 6 = 84
10 · 6 = 60
4 · 6 = 24

84 + 3 = 87

2 Klecksaufgaben. Welche Ziffern fehlen?

a)
457 : 6 = 76 R 1
420 : 6 = 70
37 : 6 = 6 R 1

b)
408 : 5 = 81 R 3
400 : 5 = 80
8 : 5 = 1 R 3

c)
692 : 8 = 86 R 4
640 : 8 = 80
52 : 8 = 6 R 4

3 Wie heißt die Zahl?

a) Dividiere die Zahl durch 4 und du erhältst 16 Rest 1.
Lösung: 65

b) Dividiere die Zahl durch 3 und du erhältst 37 Rest 1.
Lösung: 112

c) Dividiere die Zahl durch 6 und du erhältst 22 Rest 2.
Lösung: 134

TH S. 29

Wahrnehmung

____
Datum

1 Wie viele Dreiecke sind es?

a)
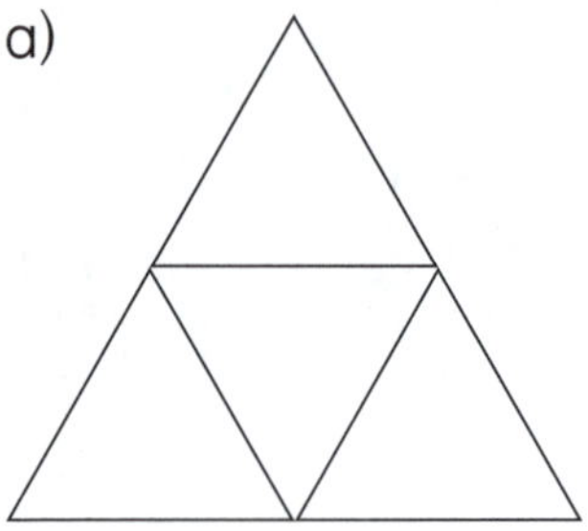
5

b)
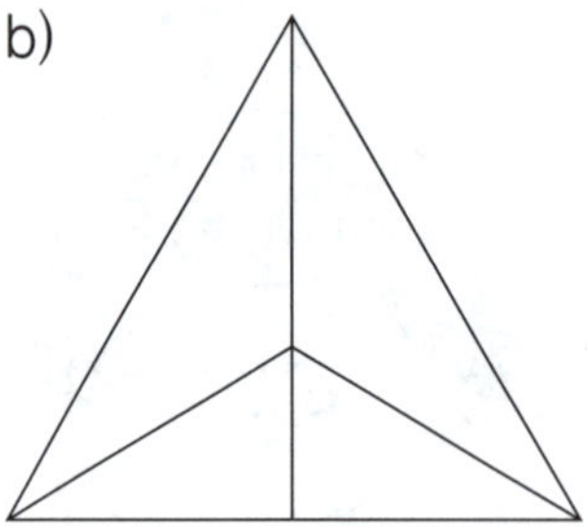
8

c)
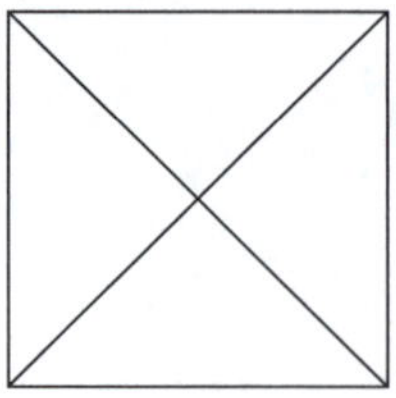
8

d)
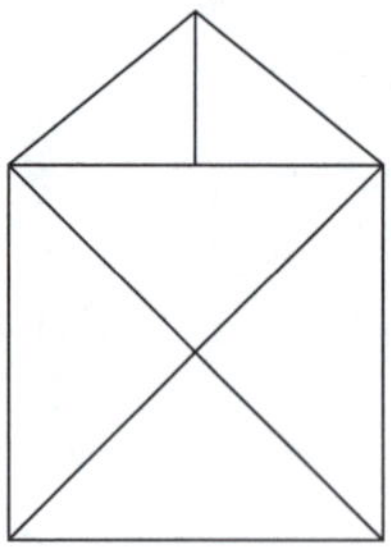
11

2 Immer zwei Teile ergeben zusammen ein Rechteck.
Male passende Teile mit der gleichen Farbe an.

3 Welches Bild gehört nicht in die Reihe? Streiche durch.

a)

A B C D E

b)

A B C D E

c)

A B C D E

d)

A B C D E

4 Welches Teil gehört in die Lücke? Kreuze an.

a)

A ☐ B ☐ C ☒ D ☐

b)

A ☐ B ☐ C ☐ D ☒

TH S. 4-5

Datum ____________

1 Zeichne die Figuren.

a)

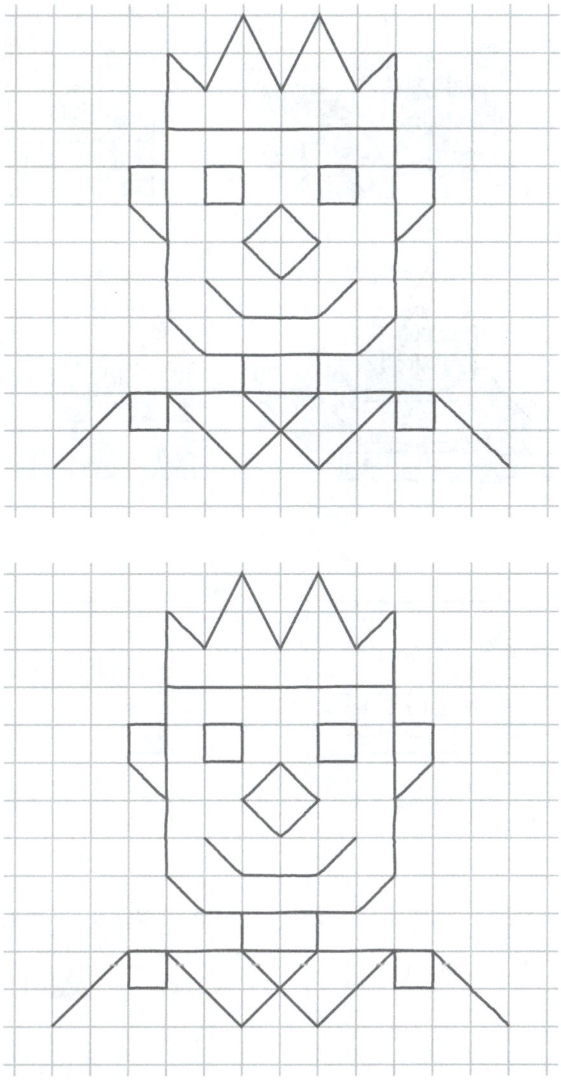

b)

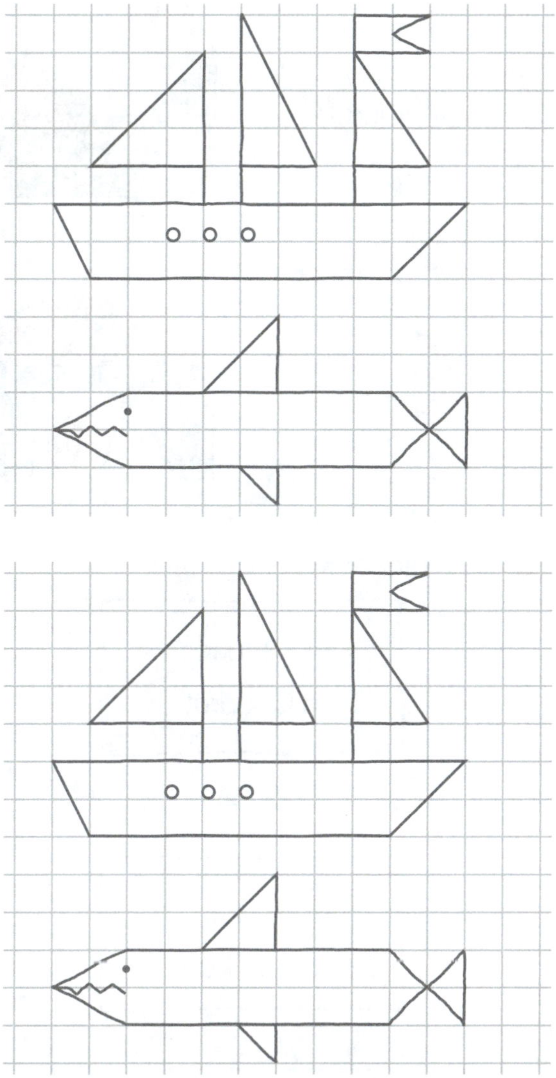

2 Färbe mit möglichst wenig verschiedenen Farben.
Wie viele Farben brauchst du?

a)

4 Farben

b)

4 Farben

c)

3 Farben

TH S. 6-7

Körper

Datum ____________

1 Male die Körper an.

- Würfel
- Quader
- Kugel
- Zylinder
- Pyramide
- Kegel

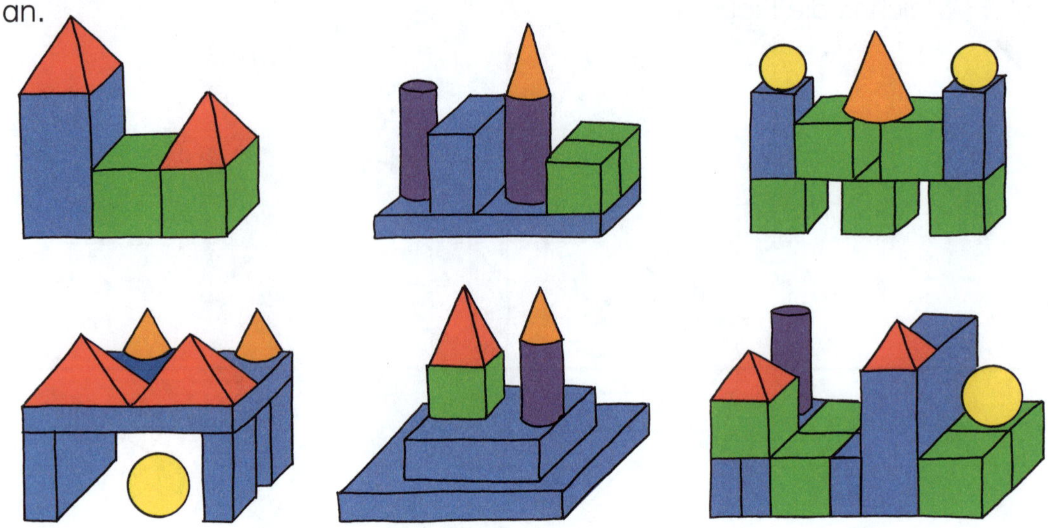

2 Welcher Körper ist es?

a) Alle 6 Flächen sind Quadrate. Würfel

b) Er hat 3 Flächen und keine Ecken. Zylinder

c) Er hat 2 Flächen. Kegel

d) Er hat keine Ecken und Kanten. Kugel

e) Er hat 5 Ecken und 5 Flächen. Pyramide

3 Immer zwei Teile ergeben einen Quader. Male passende Teile mit der gleichen Farbe an.

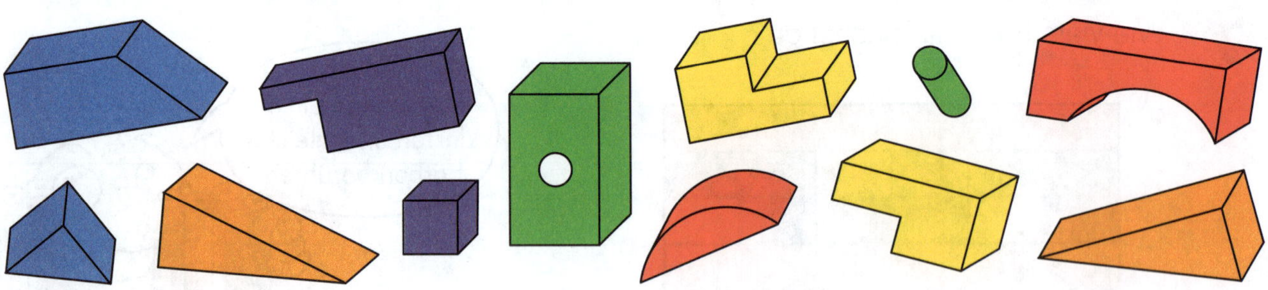

4 Der Würfel hat quadratische Flächen.
Die Kugel hat keine Ecken und keine Kanten.
Die Pyramide hat genau so viele Ecken wie Flächen.
Der Quader hat 6 Flächen.
Der Zylinder hat drei Flächen, zwei davon sind Kreise.
Der Kegel hat zwei Flächen.

Zylinder | Flächen | Würfel | Pyramide | 6 | Ecken | Kanten

TH S. 8-9

Würfelnetze

Datum

1 Welche Netze lassen sich zu einem Würfel zusammensetzen? Kreuze an.

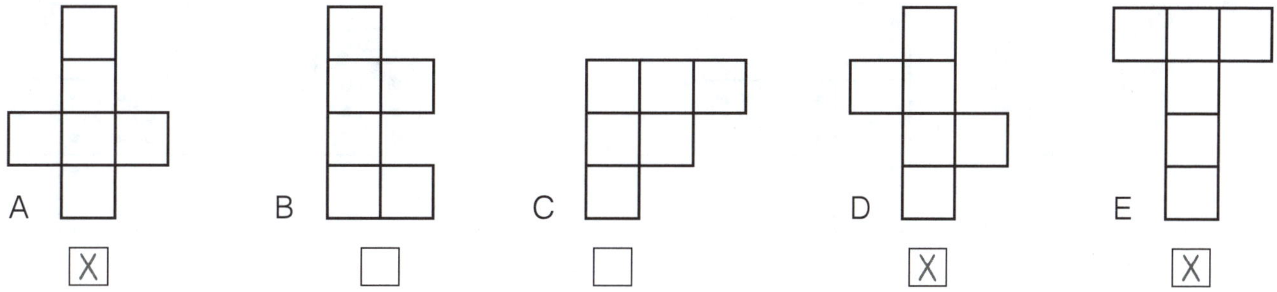

2 a) Hier fehlt eine Fläche. Ergänze zu einem Würfelnetz.
b) Welche Flächen liegen sich nach dem Zusammenfalten gegenüber?
Male sie mit der gleichen Farbe an.

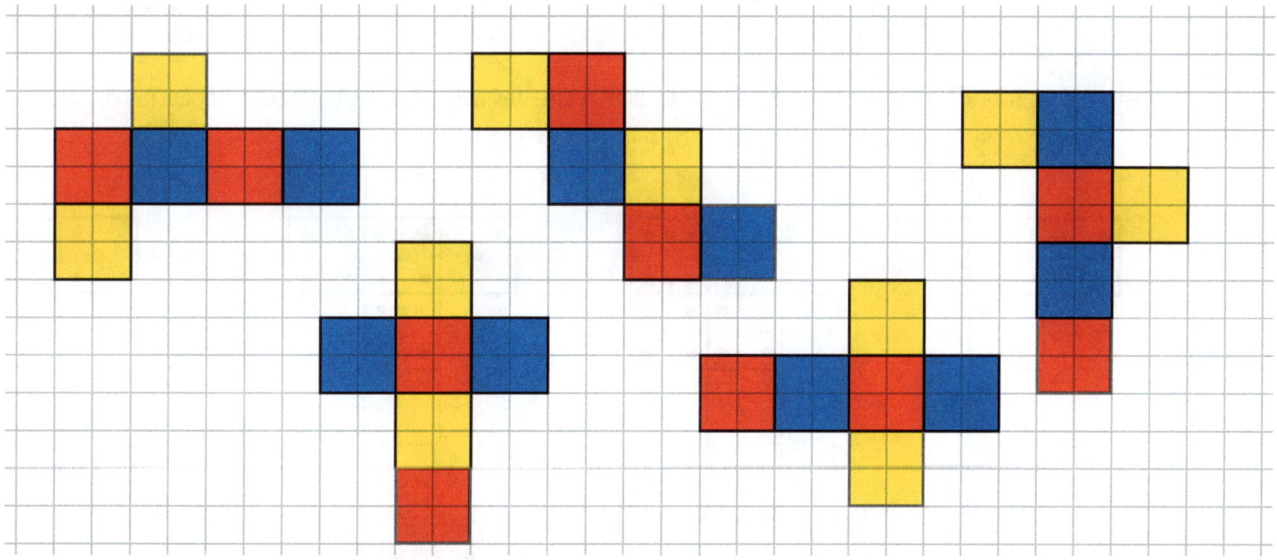

(verschiedene Lösungen möglich)

3 Welcher Würfel passt zum Netz? Kreuze an.

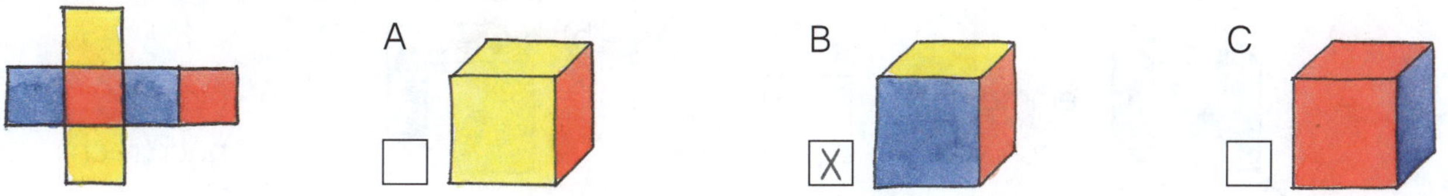

4 Flo hat einen Würfel zur Hälfte in rote Farbe getaucht. Färbe die Würfelnetze entsprechend.

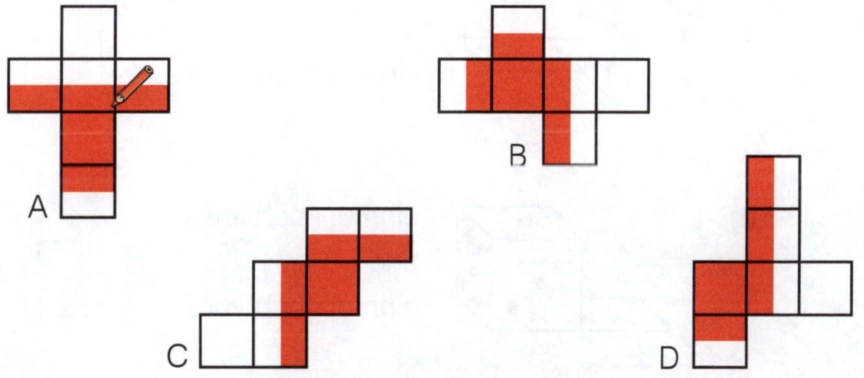

TH S. 11

Würfelnetze

Datum

1 Trage die fehlenden Augenzahlen ein.

a)

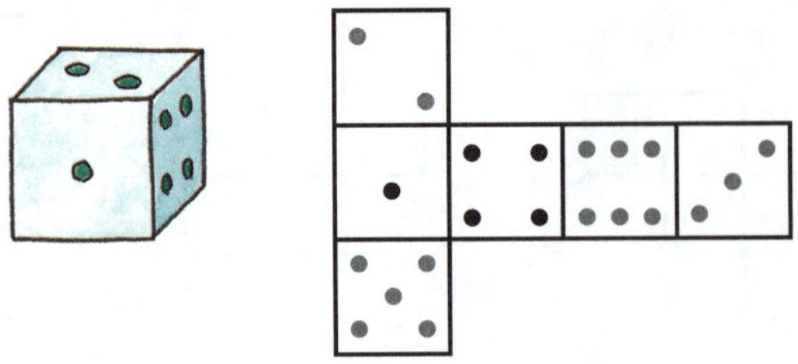

b)

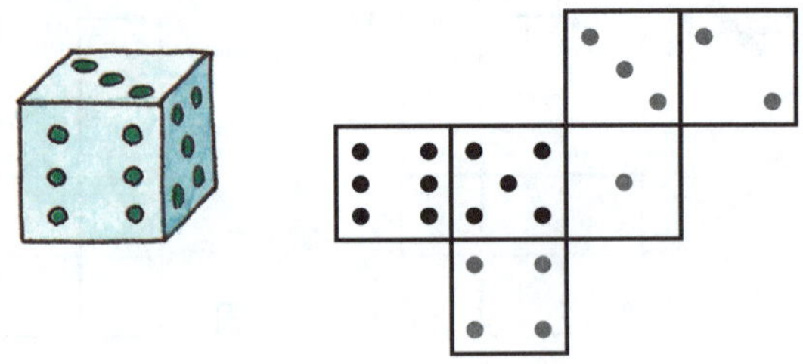

c)

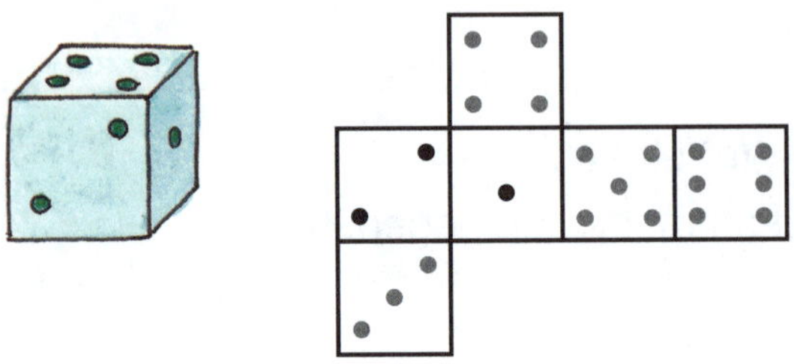

d)

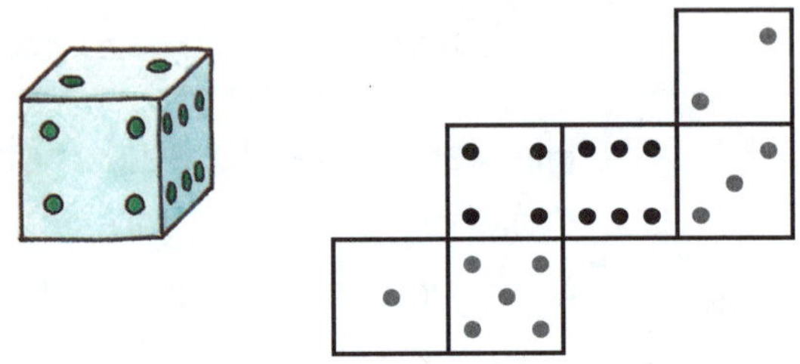

2 Hier fehlt eine Fläche. Ergänze. Trage dann die fehlenden Augenzahlen ein.

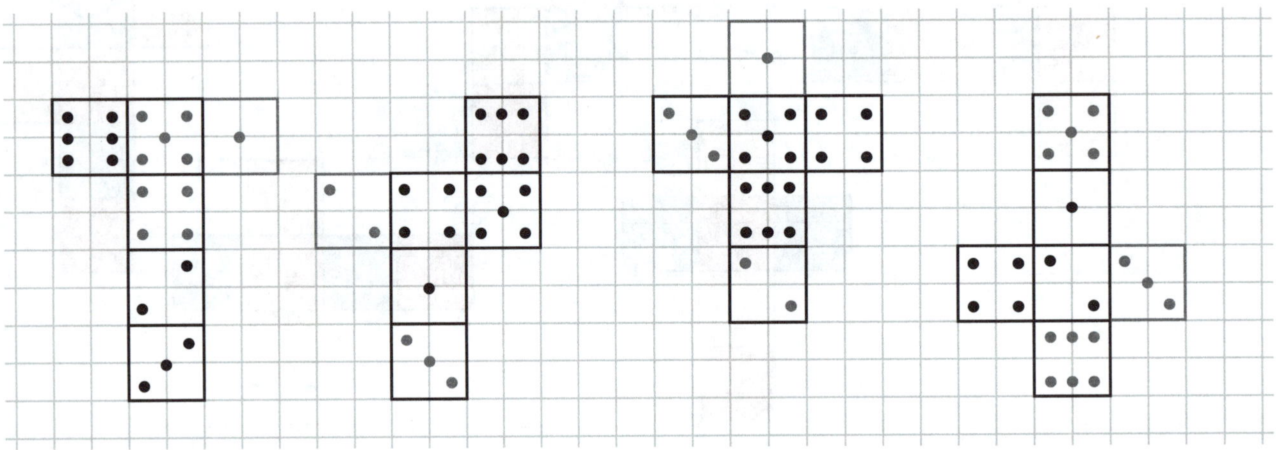

(verschiedene Lösungen möglich)

3 Welche Zahl liegt oben, wenn du den Würfel wie angegeben kippst?

a)

einmal nach vorn

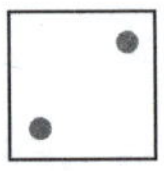

b)

einmal nach rechts

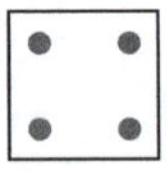

c)

einmal nach hinten und einmal nach rechts

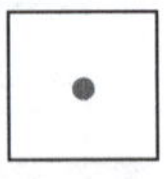

d)

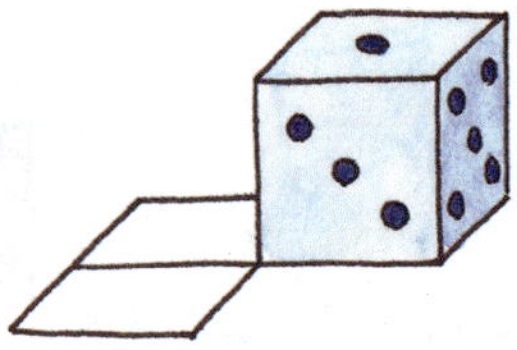

einmal nach links und einmal nach vorn

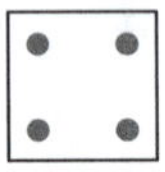

TH S. 12

Würfelgebäude und Baupläne

Datum ____________

1 Schreibe die Baupläne auf.

a)

4	3	2
3	2	2
2	2	2

b)

2	3	4
1	2	1
1	2	1

c)

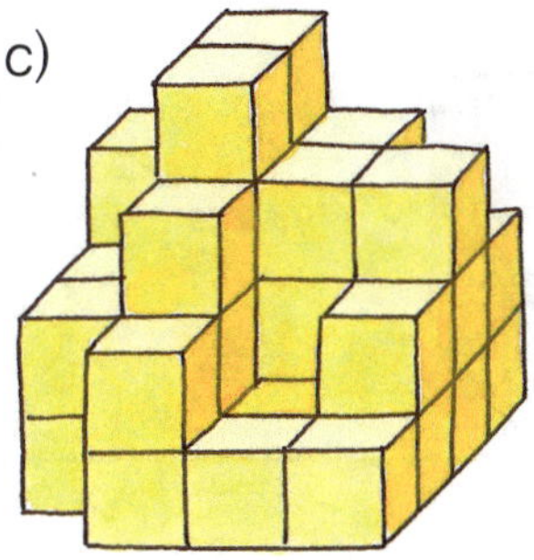

3	4	3	2
2	4	3	3
2	3	1	2
	2	1	1

d)

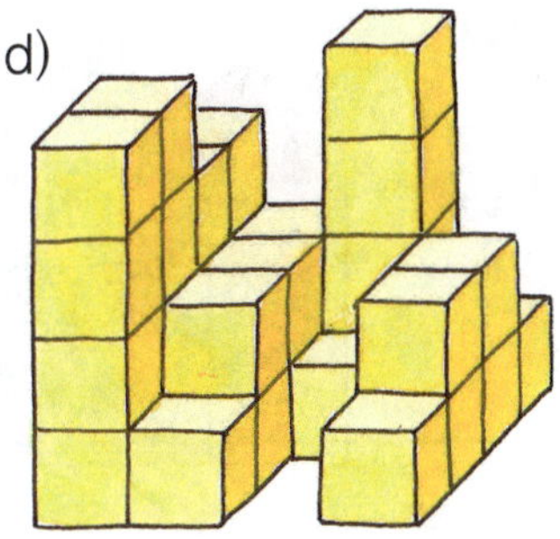

3	2	4	1
3	2	1	2
4	2		2
4	1		1

2 Wie viele Würfel sind es?

a)

18 Würfel

b)

18 Würfel

c)

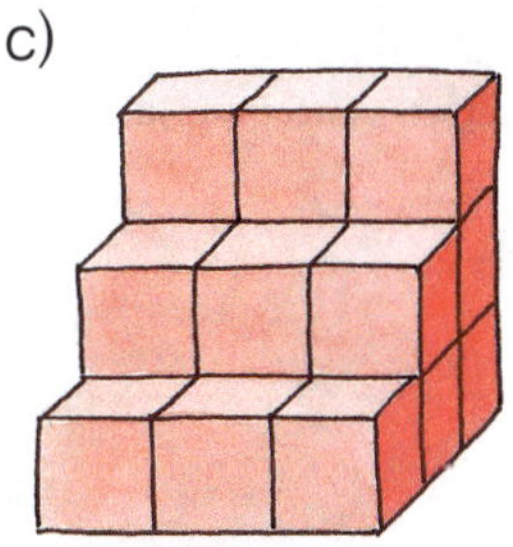

18 Würfel

d)

14 Würfel

3 Wie viele Würfel passen in den Quader?
Wie viele Würfel fehlen noch?

a)

24 Würfel passen in den Quader.

15 Würfel fehlen noch.

b)

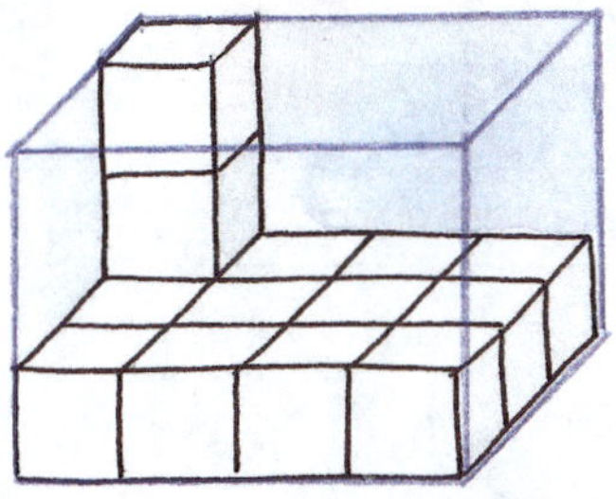

36 Würfel passen in den Quader.

22 Würfel fehlen noch.

c)

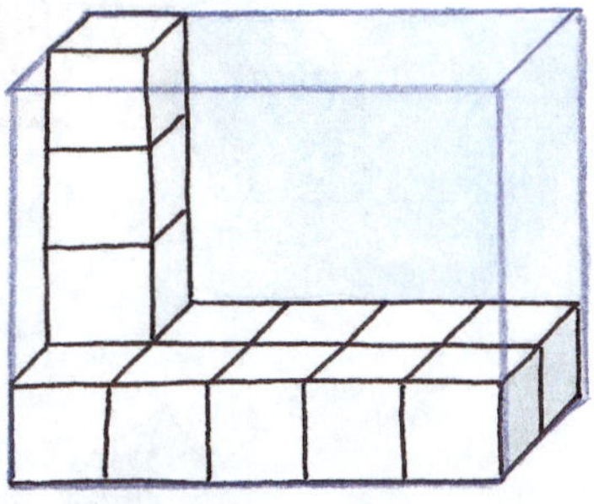

40 Würfel passen in den Quader.

27 Würfel fehlen noch.

TH S. 14-15

Ansichten

Datum

1 Welche Ansichten des Gebäudes wurden gezeichnet?

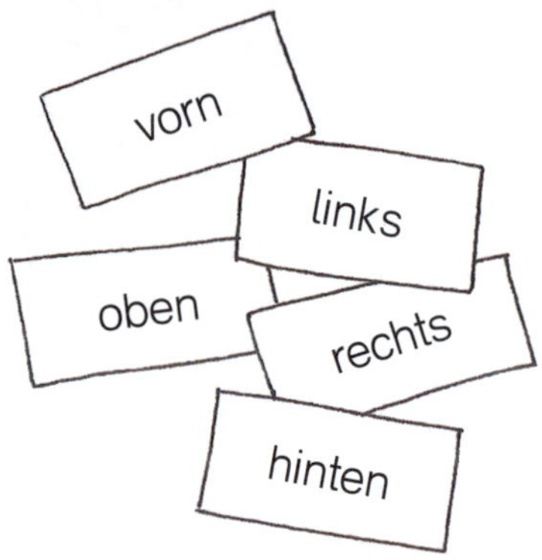

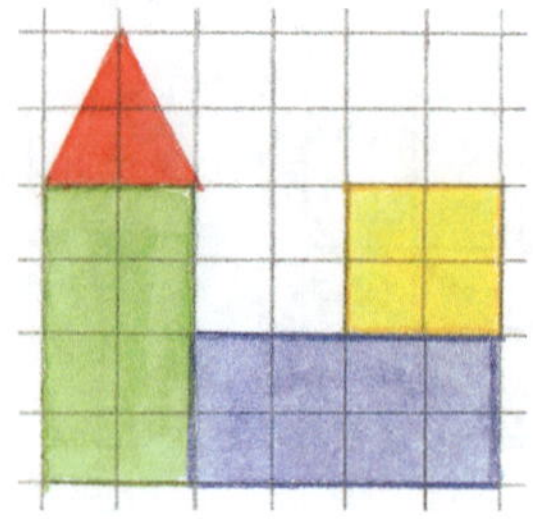

von vorn

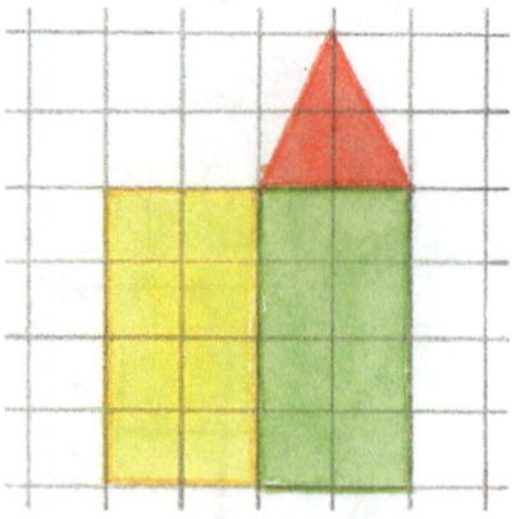

von links

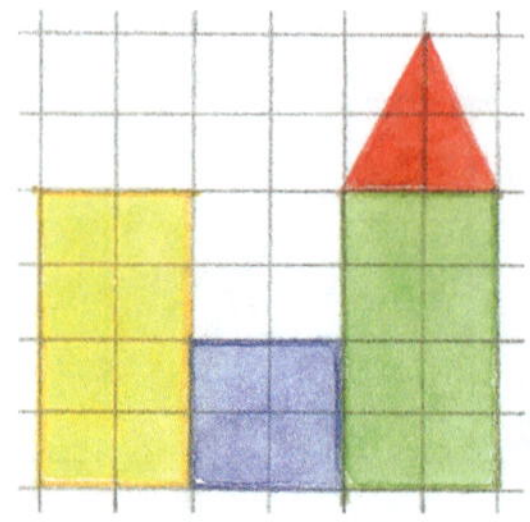

von hinten

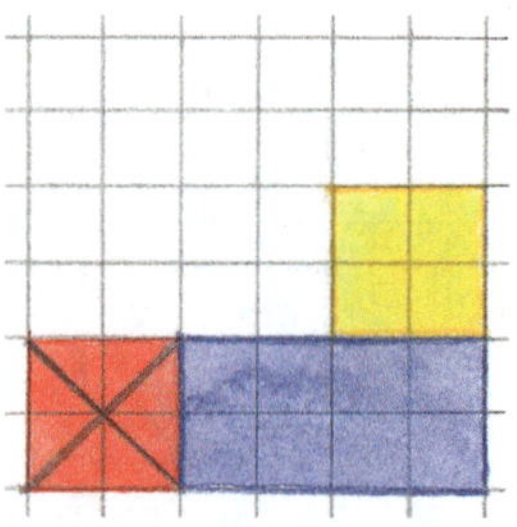

von oben

2 Zeichne zu den Gebäuden die Ansichten.

a)

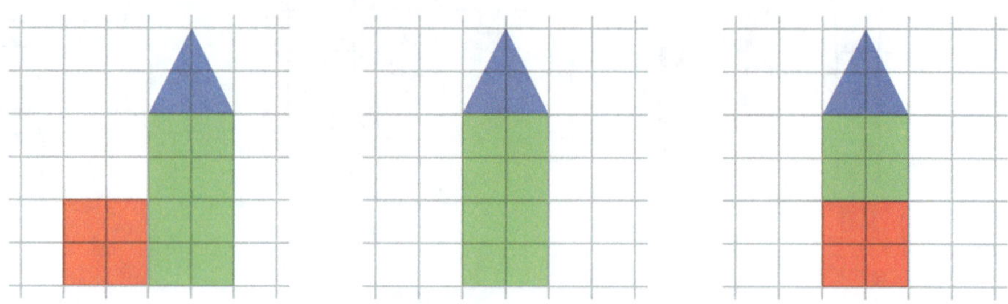

von vorn | von rechts | von links

b)

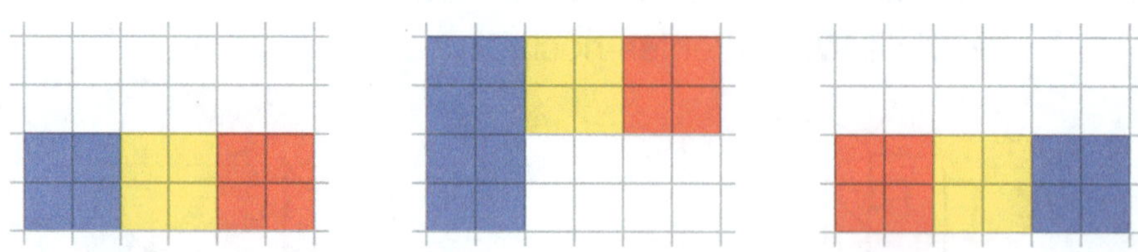

von vorn | von oben | von hinten

c)

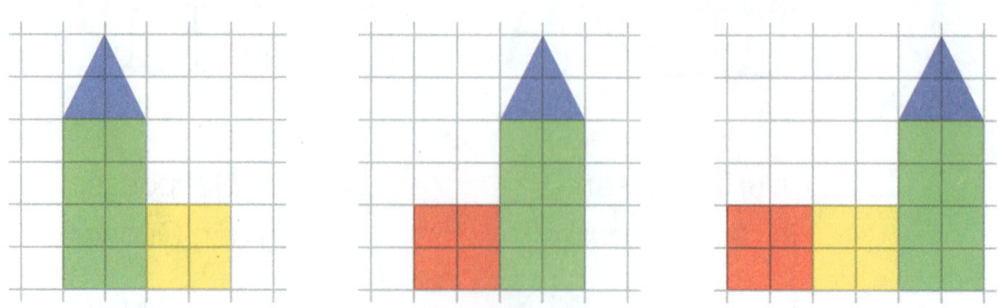

von links | von rechts | von hinten

TH S. 19

Orientieren auf Plänen

____
Datum

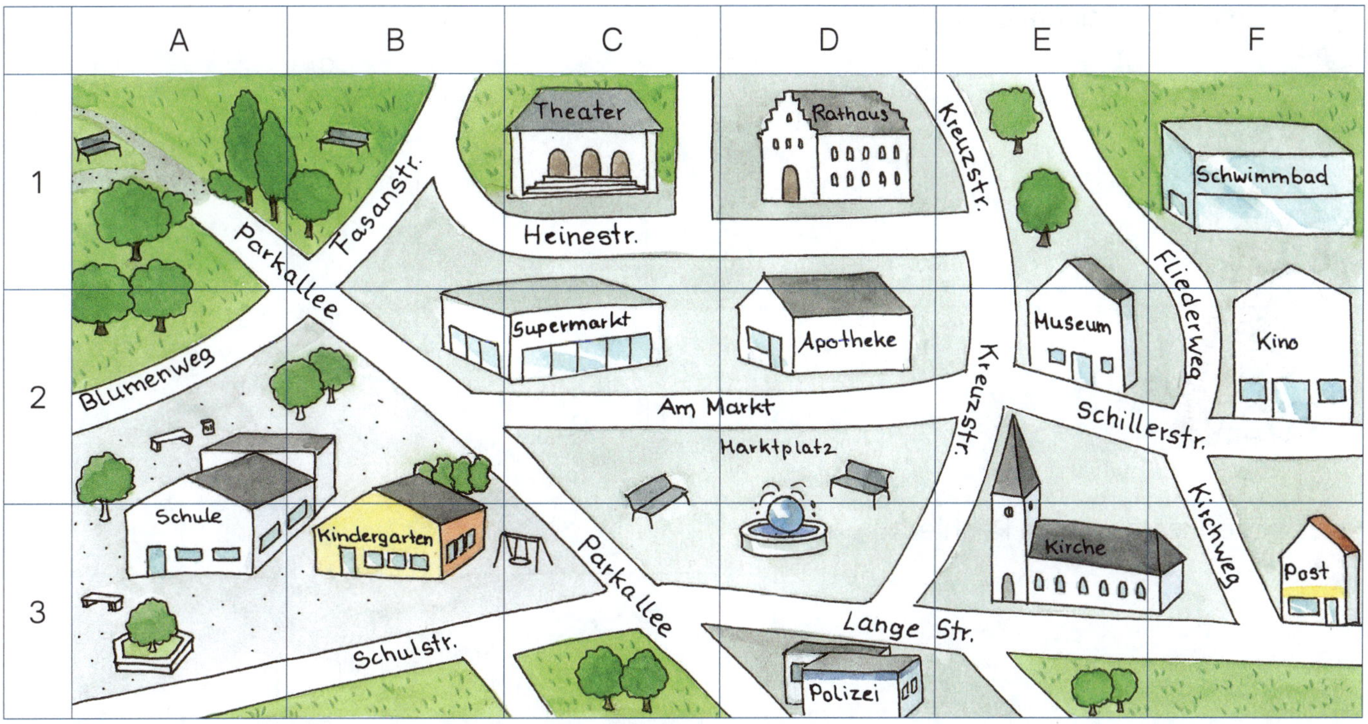

1 Welche Felder sind abgebildet?

a) 

A1

b) 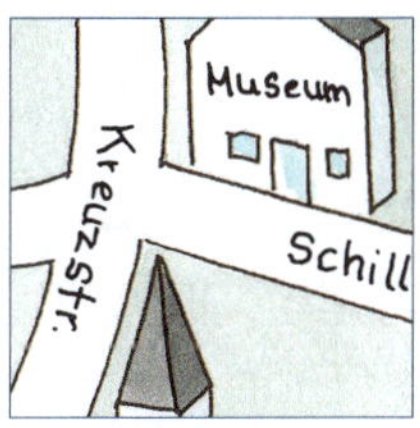

E2

c) 

D1

d) 

F3

e) 

B3

2 In welchen Feldern liegen die Straßen?

a) Fliederweg: E1 – F1 – F2

b) Lange Str.: C3 – D3 – E3 – F3

c) Schulstr.: A3 – B3 – C3

3 Schreibe den kürzesten Weg auf.

a) Vom Park zum Kino

Parkallee – Am Markt – Schillerstraße

b) Vom Rathaus zur Post

Heinestraße – Kreuzstraße – Schillerstraße – Kirchweg – Lange Straße

c) Vom Schwimmbad zum Park

Fliederweg – Schillerstraße – Am Markt – Parkallee

d) Vom Theater zum Schwimmbad

Heinestraße – Kreuzstraße – Schillerstraße – Fliederweg

TH S. 21

Flächen zeichnen

Datum

1 Ergänze zu einem Quadrat.

a)
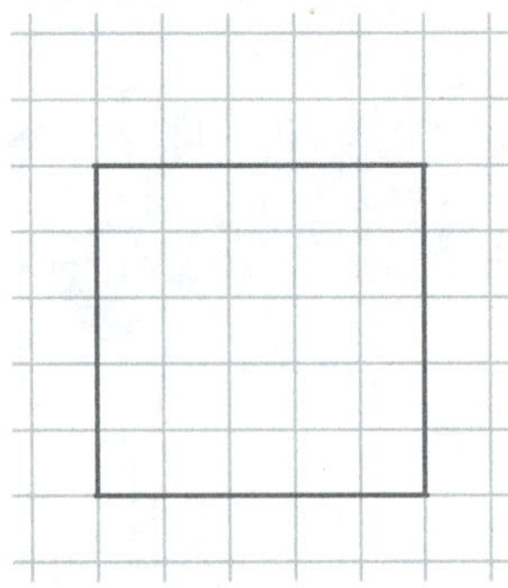

b)
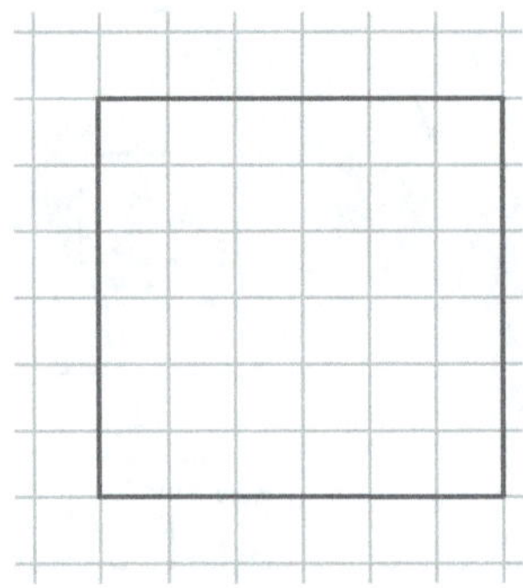

c)
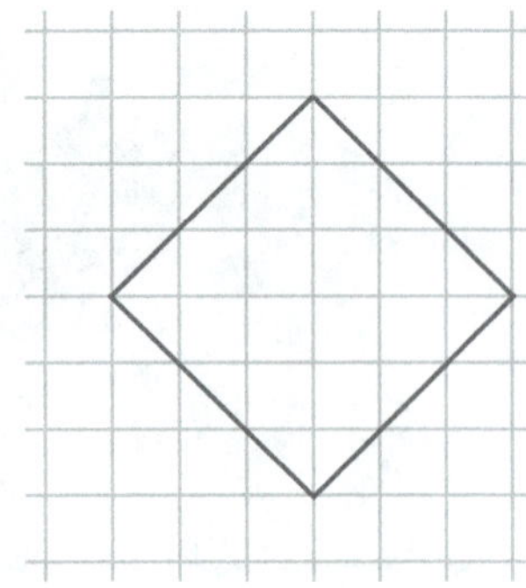

2 Ergänze zu einem Rechteck.

a)
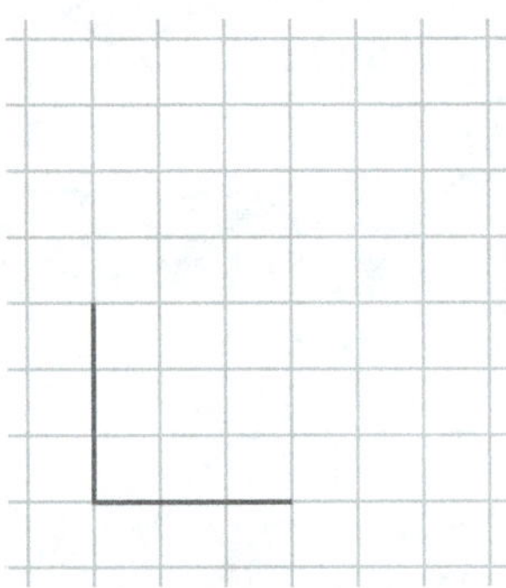

b)
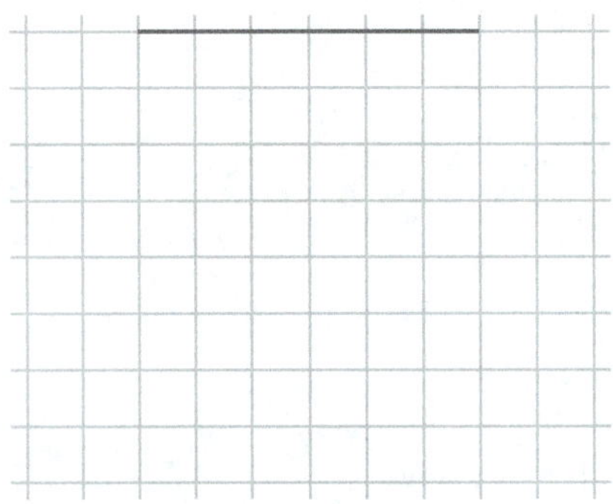

c)
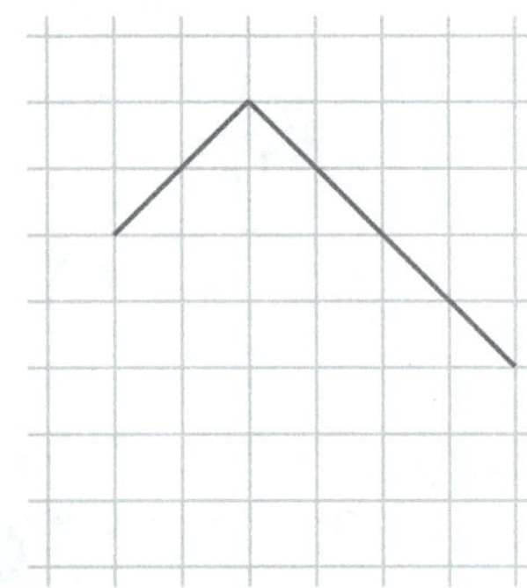

(verschiedene Lösungen möglich)

3 a) Zeichne ein Quadrat.
Die Seiten sind 3 cm lang.

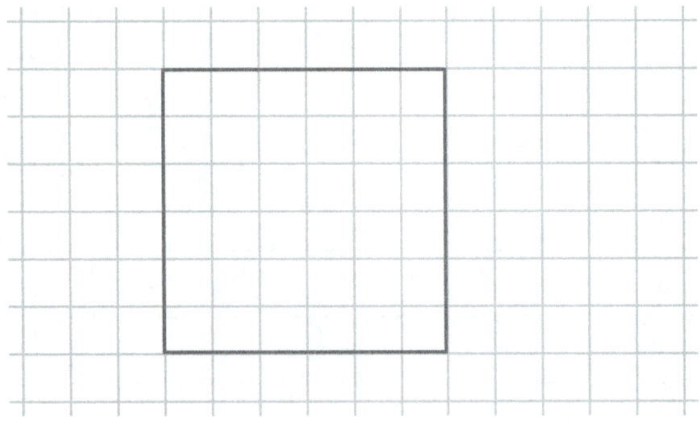

b) Zeichne ein Rechteck.
Eine Seite ist 4 cm lang, die andere 2 cm.

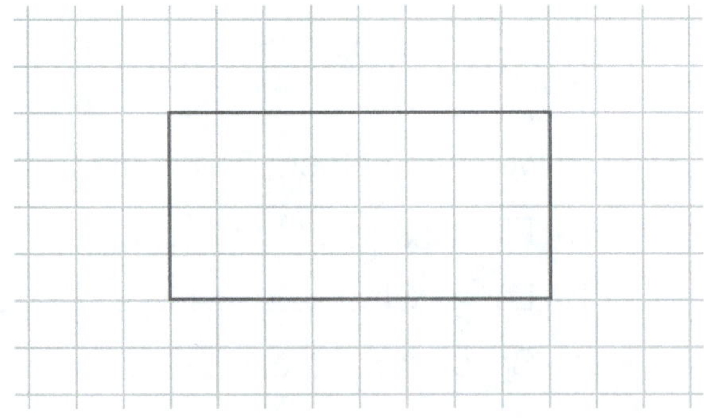

4 Zeichne das Muster weiter.

a)
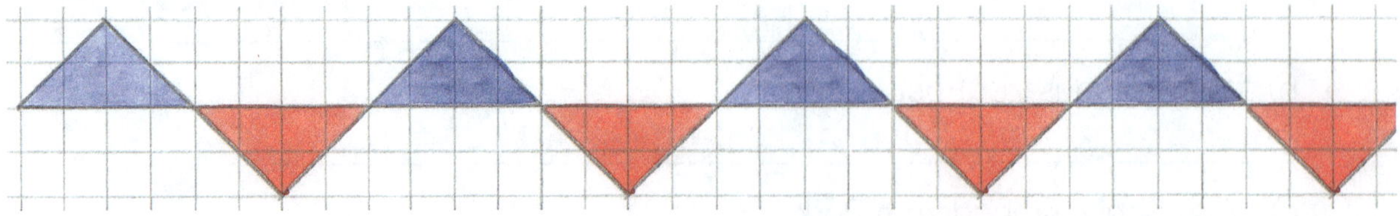

b)
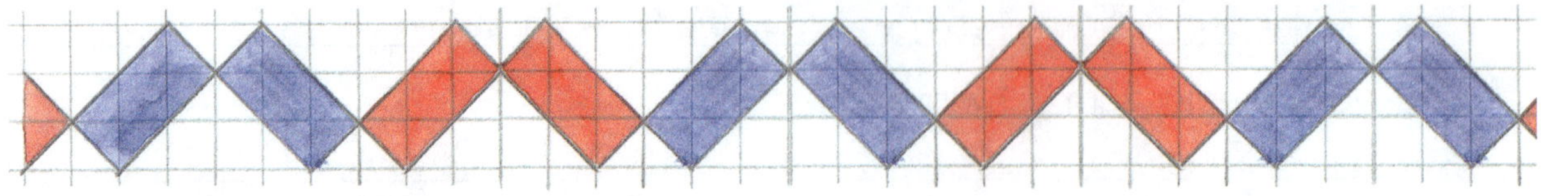

TH S. 24

Flächen vergleichen

Datum

1 Wie viele Maßquadrate sind es?
Zeichne die Maßquadrate ein und notiere die Anzahl.

a)
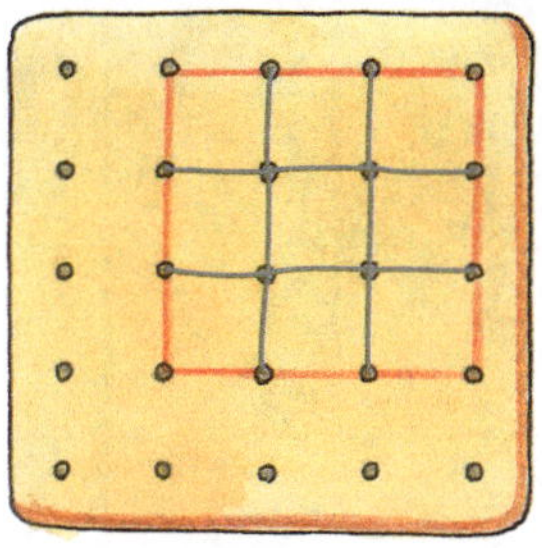

9 Maßquadrate

b)
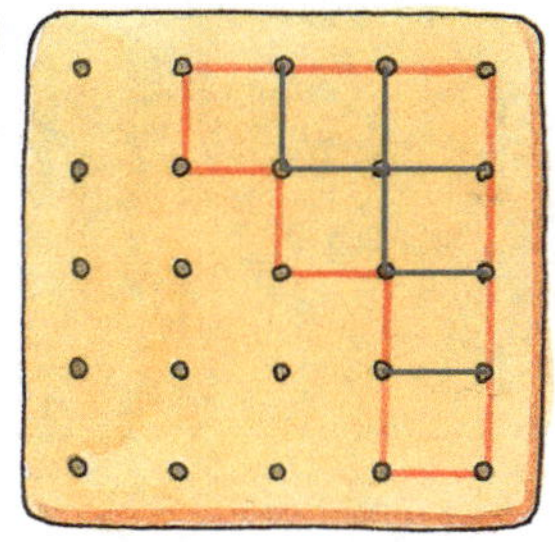

7 Maßquadrate

c)
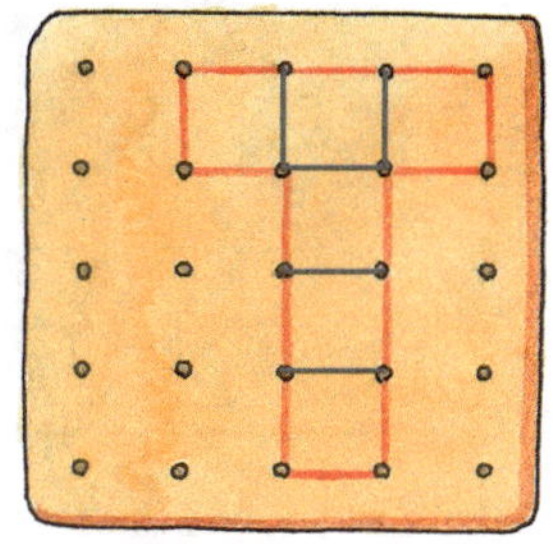

6 Maßquadrate

d)
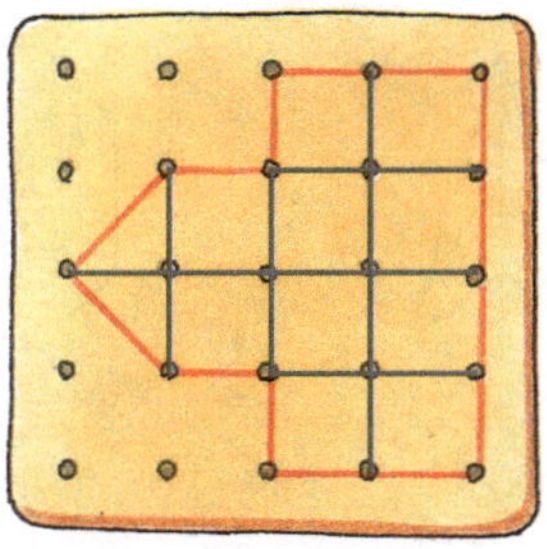

11 Maßquadrate

e)
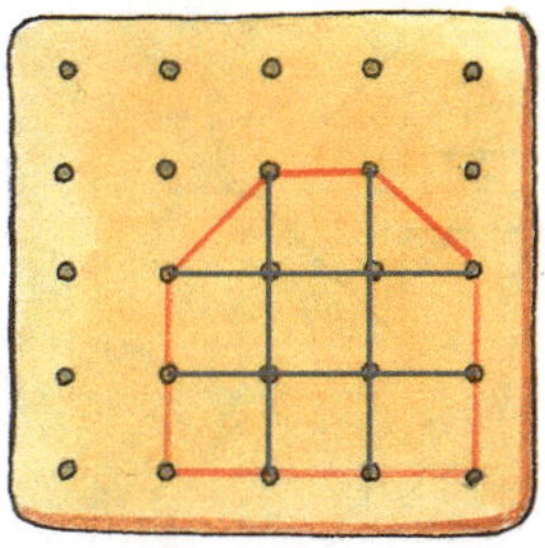

8 Maßquadrate

f)
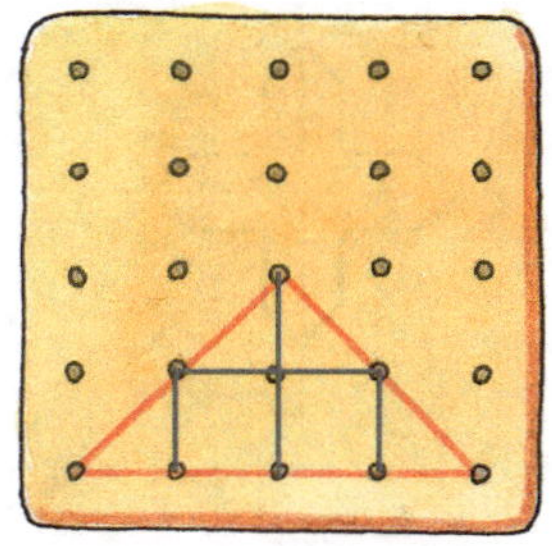

4 Maßquadrate

g)
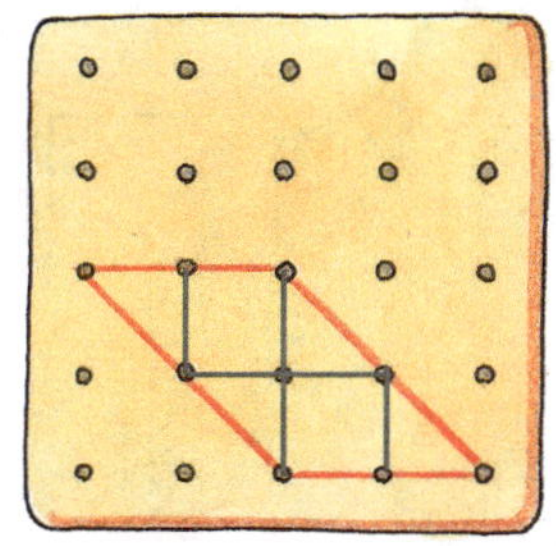

4 Maßquadrate

2 Zeichne Figuren mit sieben Maßquadraten.

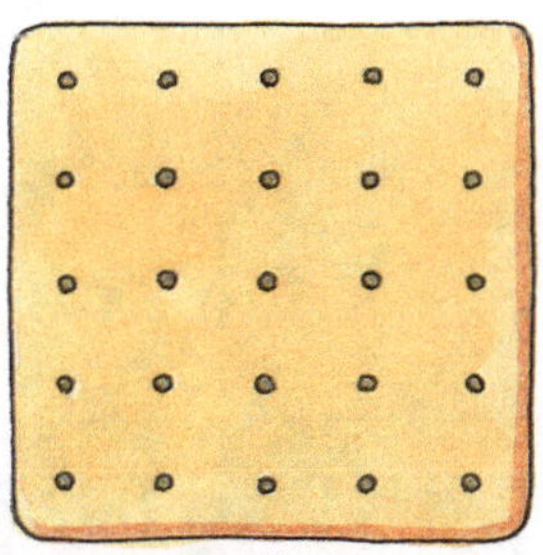

(verschiedene Lösungen möglich)

3 Zeichne Quadrate mit der angegebenen Anzahl an Maßquadraten.

a)
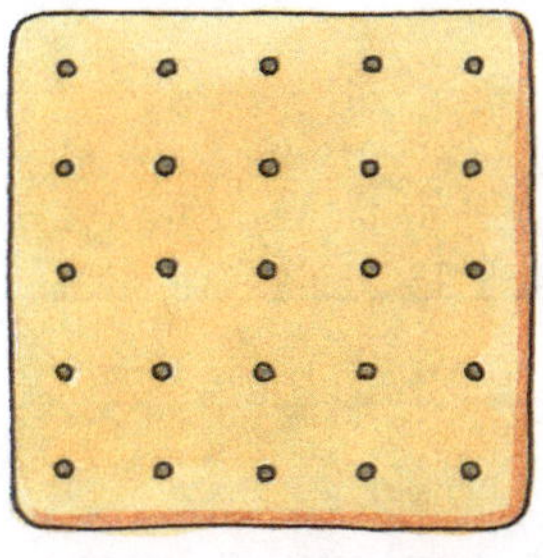

1 Maßquadrat

b)
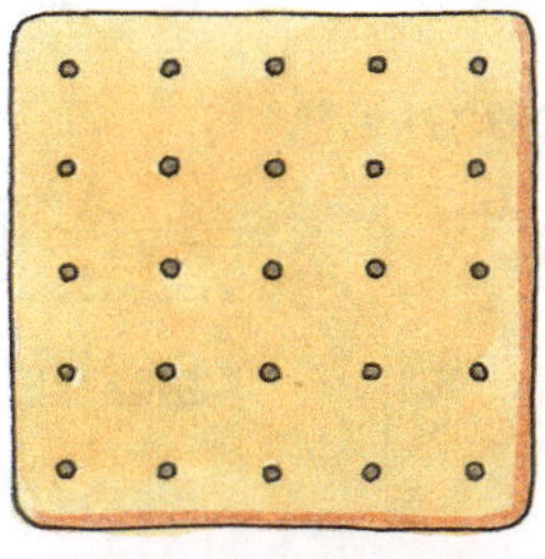

9 Maßquadrate

c)
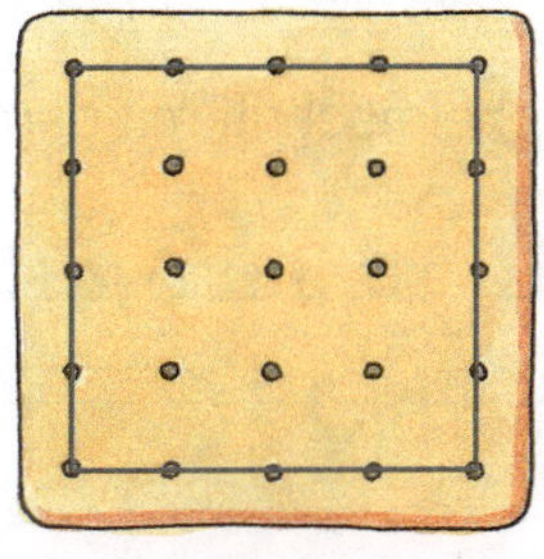

16 Maßquadrate

d)
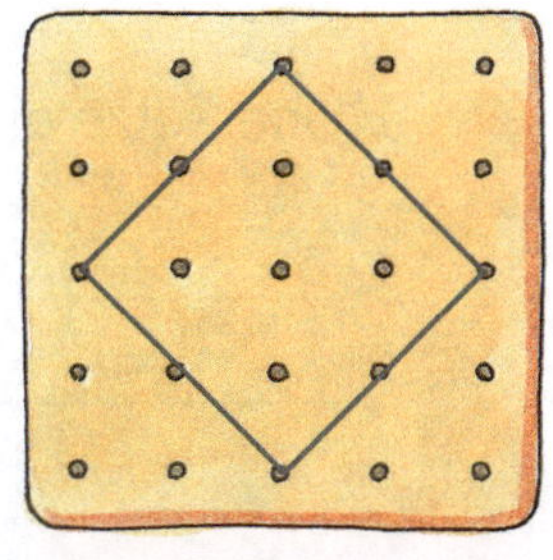

8 Maßquadrate

(verschiedene Lösungen möglich)

TH S. 26

Symmetrie

Datum

1 Zeichne die Symmetrieachsen ein.

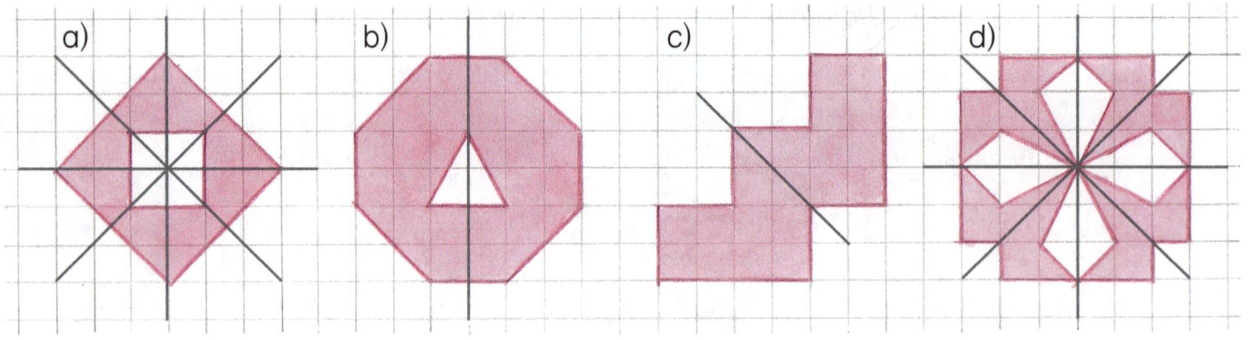

2 Wo sind Symmetrieachsen falsch eingezeichnet? Prüfe und kreuze an.

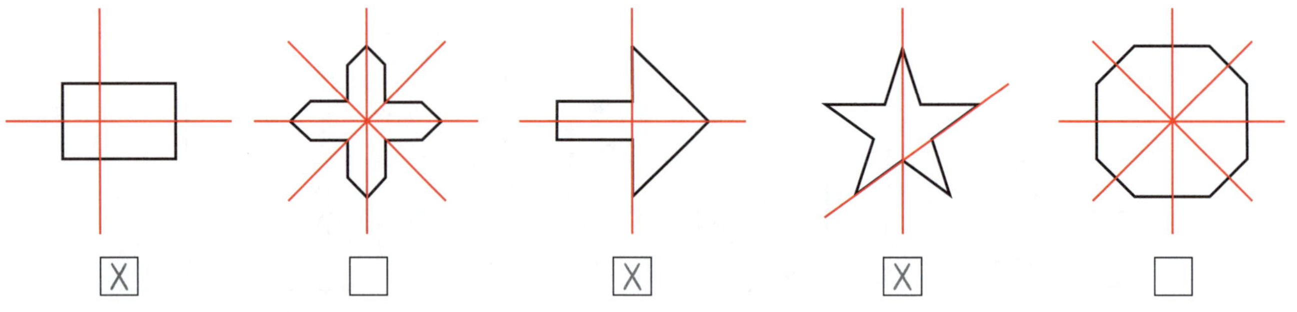

3 Ergänze symmetrisch.

4 Übersetze die Geheimschrift mit dem Spiegel.

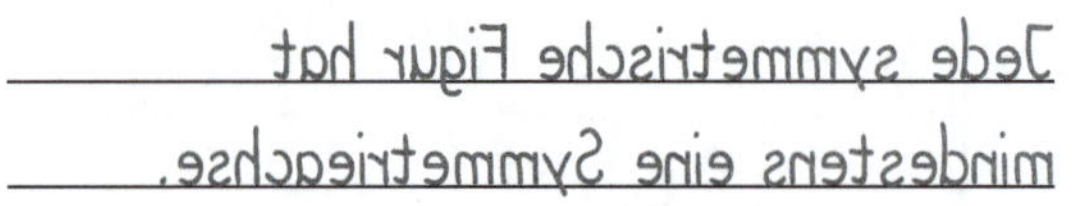

Jede symmetrische Figur hat
mindestens eine Symmetrieachse.

5 Wie heißen die Wörter? Ergänze symmetrisch.

a) ECKE b) DEICH c) KOCH d) BOX

TH S. 27-28

Symmetrische Muster

Datum

1 Setze das Muster fort.

a)

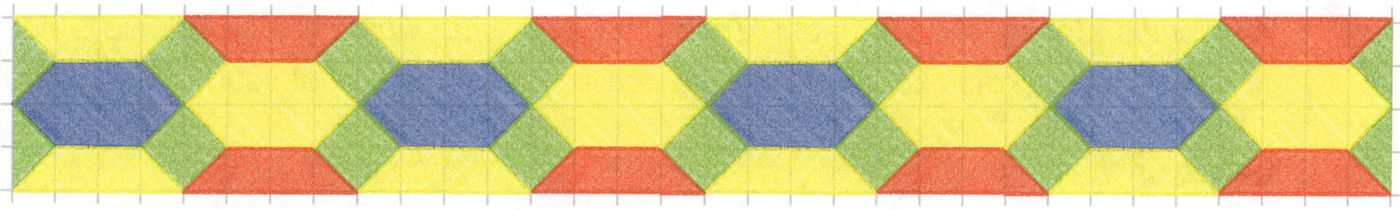

b)

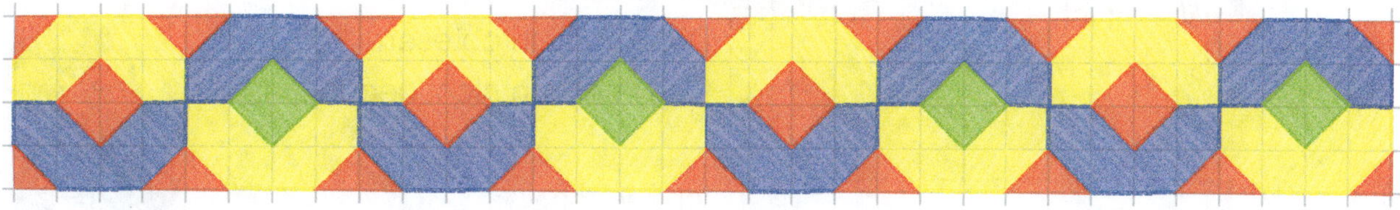

2 Immer drei Fehler. Kreise ein.

a)

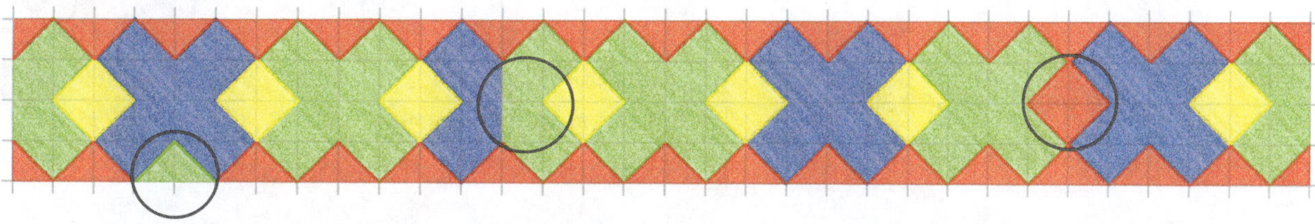

b)

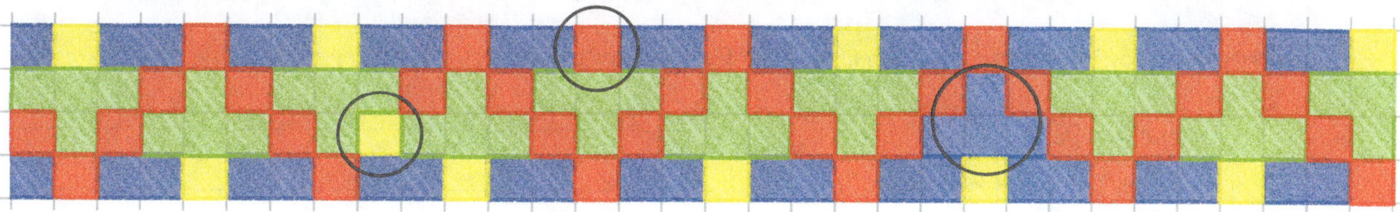

3 Zeichne ein eigenes symmetrisches Muster.

(verschiedene Lösungen möglich)

4

a)

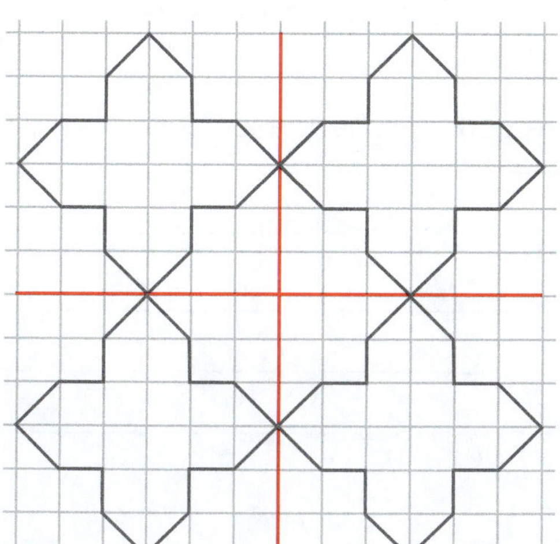

b)

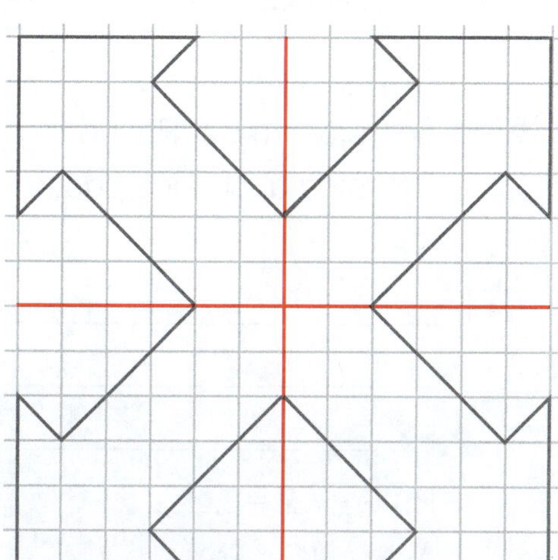

TH S. 31

Sachrechnen – Fragen und Antworten

_______________ Datum

1

Sophia feiert ihren 10. Geburtstag. Ihre Mutter backt deshalb Muffins.
In Sophias Klasse sind 23 Kinder. Zu ihrem Geburtstag wünscht sich Sophia Geld, damit sie sich neue Inlineskates kaufen kann. Sie kosten 59 €. Sophia hat schon 27 € gespart.

Kreuze an.

a) Wie alt ist Sophias Mutter?

- ☐ Ich rechne.
- ☐ Das kann ich ablesen.
- ☒ Das kann ich nicht beantworten.

b) Wie viel Geld fehlt Sophia noch?

- ☒ Ich rechne.
- ☐ Das kann ich ablesen.
- ☐ Das kann ich nicht beantworten.

c) Wie viele Kinder sind in Sophias Klasse?

- ☐ Ich rechne.
- ☒ Das kann ich ablesen.
- ☐ Das kann ich nicht beantworten.

2 Schreibe eine passende Frage (F.), Rechnung (R.) und Antwort (A.) auf.

a) Von den 24 Kindern der Klasse 3b sind heute zwei Kinder krank.

F.: Wie viele Kinder sind heute in der Schule?
R.: 24 – 2 = 22
A.: 22 Kinder sind heute in der Schule.

b) Die Lehrerin kopiert für 24 Kinder jeweils zwei Mathearbeitsblätter.

F.: Wie viele Kopien macht sie insgesamt?
R.: 24 · 2 = 48
A.: Sie macht insgesamt 48 Kopien.

c) Im Sportunterricht sollen sich 24 Kinder in zwei Gruppen aufteilen.

F.: Wie viele Kinder sind in jeder Gruppe?
R.: 24 : 2 = 12
A.: In jeder Gruppe sind 12 Kinder.

3 Schreibe zu der Rechnung 24 + 2 = ____ eine eigene Rechengeschichte.
Schreibe auch eine passende Frage und Antwort auf.

____

____

____

F.: _______________

R.: 24 + 2 = 26

A.: _______________

(verschiedene Lösungen möglich)

TH S. 5

Geld – Euro und Cent

____
Datum

1 Wie viel Geld ist es?

a) 

517 €

b) 

863 €

c) 

321 €

d) 

607 € 52 ct

e) 

381 € 30 ct

f) 

390 € 2 ct

2 Welche Scheine oder Münzen können es sein?

a) 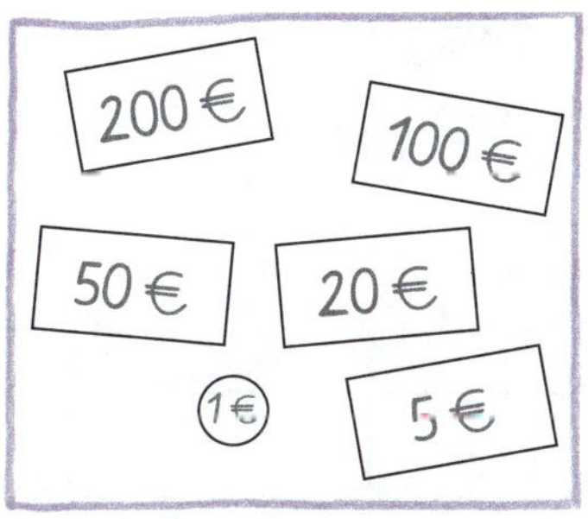

376 €

b) 

423 €

c) 

635 €

(verschiedene Lösungen möglich)

3 Mit welchen Scheinen und Münzen kannst du die Geldbeträge legen?
Finde verschiedene Möglichkeiten.

465 €		1	2		2	2	1		
465 €									
465 €									
903 €									
903 €									
903 €									
827 €									
827 €									
827 €									

(verschiedene Lösungen möglich)

TH S. 11

Geld – Kommaschreibweise

____
Datum

1 a) Wie viel Geld hat jedes Kind? Schreibe die Beträge in die Tabelle.

Tom

Jan

Lisa

Karl

Mia

Nahla

	10 €	1 €	10 ct	1 ct	
Tom		4	6	5	4,65 €
Jan		6	4	5	6,45 €
Lisa	1	0	1	2	10,12 €
Karl		6	7	2	6,72 €
Mia		4	5	3	4,53 €
Nahla		4	4	5	4,45 €

b) Was stimmt? Kreuze an.

- [x] Lisa hat das meiste Geld.
- [ ] Tom hat mehr Geld als Karl.
- [ ] Karl hat weniger Geld als Jan.
- [x] Mia hat 8 Cent mehr als Nahla.

2 Fülle die Tabelle aus.

a)

320 ct	555 ct	421 ct	612 ct	840 ct	752 ct	436 ct
3 € 20 ct	5 € 55 ct	4 € 21 ct	6 € 12 ct	8 € 40 ct	7 € 52 ct	4 € 36 ct
3,20 €	5,55 €	4,21 €	6,12 €	8,40 €	7,52 €	4,36 €

b)

501 ct	660 ct	903 ct	402 ct	77 ct	3 ct	5 ct
5 € 01 ct	6 € 60 ct	9 € 03 ct	4 € 02 ct	0 € 77 ct	0 € 03 ct	0 € 05 ct
5,01 €	6,60 €	9,03 €	4,02 €	0,77 €	0,03 €	0,05 €

3 Male gleiche Beträge mit der gleichen Farbe an.

4 € | 444 ct | 0,44 € | 400 ct | 4,40 € | 4 ct
0,04 € | 440 ct | 4,04 € | 4,44 € | 404 ct | 44 ct

TH S. 12-13

Datum

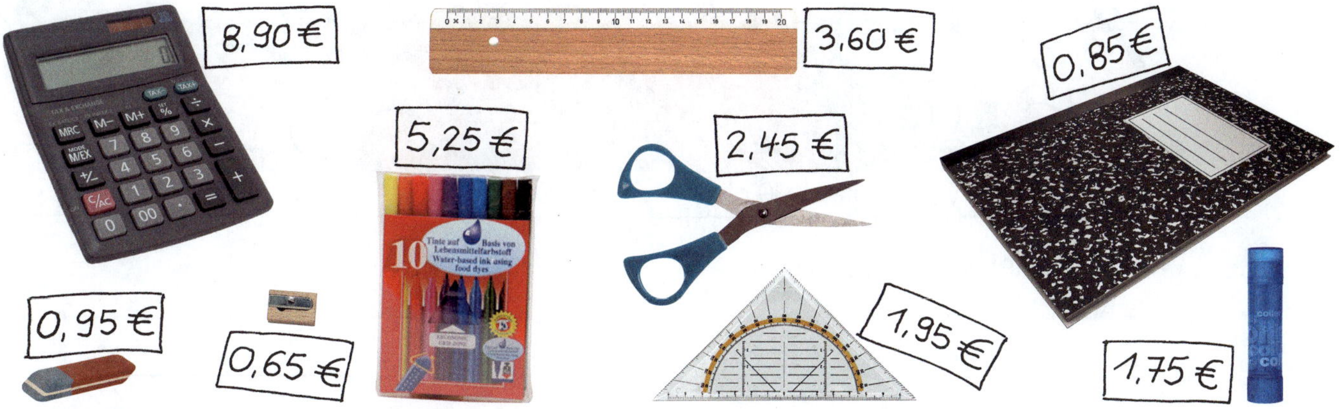

1 Wie viel kostet es? Rechne auf deinem Weg.

a) Ali kauft ein Lineal und ein Heft.

3,60 € + 0,85 € = 4,45 €

Ali bezahlt 4,45 €.

b) Mona kauft Filzstifte und ein Geodreieck.

5,25 € + 1,95 € = 7,20 €

Mona bezahlt 7,20 €.

c) Herr Blank kauft einen Klebestift und eine Schere.

1,75 € + 2,45 € = 4,20 €

Herr Blank bezahlt 4,20 €.

d) Frau Nowak kauft einen Taschenrechner und einen Anspitzer.

8,90 € + 0,65 € = 9,55 €

Frau Nowak bezahlt 9,55 €.

2 Wie viel Geld bleibt übrig?

a) Suri hat 10 €. Sie kauft ein Geodreieck.

10,00 € – 1,95 € = 8,05 €

8,05 € bleiben übrig.

b) Malte hat 5 €. Er kauft einen Radiergummi.

5,00 € – 0,95 € = 4,05 €

4,05 € bleiben übrig.

c) Kai hat 15 €. Er kauft Filzstifte.

15,00 € – 5,25 € = 9,75 €

9,75 € bleiben übrig.

d) Anna hat 10 €. Sie kauft ein Heft.

10,00 € – 0,85 € = 9,15 €

9,15 € bleiben übrig.

TH S. 14

Geld – Kommazahlen multiplizieren

Datum

1 Wie viel kostet es?

a) 6 Äpfel

6 · 50 ct = 300 ct

300 ct = 3,00 €

6 Äpfel kosten 3,00 €.

b) 8 Paprika

8 · 90 ct = 720 ct

720 ct = 7,20 €

8 Paprika kosten 7,20 €.

2 Wie viel kostet es? Rechne wie Flo.

a) 4 Ananas

4 · 1,50 € = 6,00 €

4 · 1,00 € = 4,00 €

4 · 0,50 € = 2,00 €

4 Ananas kosten 6,00 €.

b) 5 Melonen

5 · 1,30 € = 6,50 €

5 · 1,00 € = 5,00 €

5 · 0,30 € = 1,50 €

5 Melonen kosten 6,50 €.

c) 7 Bund Möhren

7 · 1,20 € = 8,40 €

7 · 1,00 € = 7,00 €

7 · 0,20 € = 1,40 €

7 Bund Möhren kosten 8,40 €.

3 Fülle die Tabelle aus.

a)

Zitronen	1	2	4	5	10
Preis	30 ct	60 ct	1,20 €	1,50 €	3 €

b)

Gurken	1	2	4	5	10
Preis	60 ct	1,20 €	2,40 €	3 €	6 €

4 a) Frau Arslan zahlt 2,40 € für Zitronen.
Wie viele Zitronen hat sie gekauft?

2,40 € = 240 ct

240 ct = 8 · 30 ct

Frau Arslan hat 8 Zitronen gekauft.

b) Matteo zahlt 4,50 € für Äpfel.
Wie viele Äpfel hat er gekauft?

4,50 € = 450 ct

450 ct = 9 · 50 ct

Matteo hat 9 Äpfel gekauft.

TH S. 15

Geld – Kommazahlen dividieren

Datum

1 Oles Papa kauft für den Kindergeburtstag ein. Wie viel kosten die Dinge einzeln?

a) 

b) 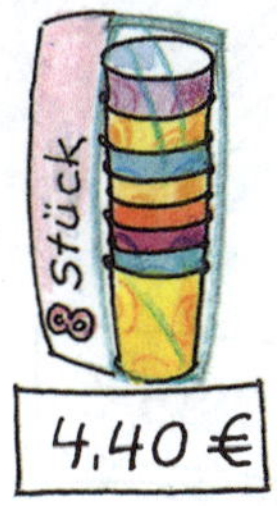

c) 

d) 

a) 1,92 € : 6 = 0,32 €
180 ct : 6 = 30 ct
12 ct : 6 = 2 ct

1 Luftballon kostet 0,32 €.

b) 4,40 € : 8 = 0,55 €
400 ct : 8 = 50 ct
40 ct : 8 = 5 ct

1 Becher kostet 0,55 €.

c) 2,52 € : 7 = 0,36 €
210 ct : 7 = 30 ct
42 ct : 7 = 6 ct

1 Luftschlangenrolle kostet 0,36 €.

d) 3,15 € : 9 = 0,35 €
270 ct : 9 = 30 ct
45 ct : 9 = 5 ct

1 Schaumkuss kostet 0,35 €.

2 Fülle die Tabelle aus. 2 · 0,80 € 4 · 0,80 € 8 € : 10

a)

Jojos	1	2	4	5	10
Preis	80 ct	1,60 €	3,20 €	4 €	8 €

b)

Wundertüten	1	2	4	5	10
Preis	1,10 €	2,20 €	4,40 €	5,50 €	11 €

2 · 1,10 € 11 € : 10

3 Ole feiert seinen Geburtstag mit vier Freunden im Schwimmbad.

a) Der Eintritt kostet für alle Kinder zusammen 11,50 €.

F.: Wie viel kostet der Eintritt für ein Kind?

R.: 11,50 € : 5 = 2,30 €
1000 ct : 5 = 200 ct
150 ct : 5 = 30 ct

A.: Der Eintritt für ein Kind kostet 2,30 €.

b) Drei Kinder essen ein Eis. Zusammen zahlen sie 5,70 €.

F.: Wie viel kostet ein Eis?

R.: 5,70 € : 3 = 1,90 €
300 ct : 3 = 100 ct
270 ct : 3 = 90 ct

A.: Ein Eis kostet 1,90 €.

TH S. 16

Geld – Schriftlich addieren mit Kommazahlen

____
Datum

1 a) Mats kauft einen Comic und eine Postkarte. Mats bezahlt 6,34 €.
b) Pina kauft ein Poster und ein KIDS-Heft. Pina bezahlt 8,12 €.
c) Karla kauft ein Kinderbuch und einen Kalender. Karla bezahlt 13,34 €.
d) Frau Mai kauft einen Bildband und einen Krimi. Frau Mai bezahlt 73,88 €.

a)	b)	c)	d)
4,85 €	5,97 €	1,65 €	65,99 €
+ 1,49 €	+ 2,15 €	+ 11,69 €	+ 7,89 €
6,34 €	8,12 €	13,34 €	73,88 €

2 a) Luna kauft ein Poster und einen Comic. Luna bezahlt 10,82 €.
b) Ben kauft ein Kochbuch und einen Krimi. Ben bezahlt 20,84 €.
c) Piet kauft ein KIDS-Heft, einen Kalender und ein Poster. Piet bezahlt 19,81 €.
d) Zana kauft ein Kochbuch, einen Krimi und ein Kinderbuch. Zana bezahlt 22,49 €.

a)	b)	c)	d)
		2,15 €	12,95 €
5,97 €	12,95 €	+ 11,69 €	+ 7,89 €
+ 4,85 €	+ 7,89 €	+ 5,97 €	+ 1,65 €
10,82 €	20,84 €	19,81 €	22,49 €

3 Rechne nur die Aufgaben, deren Summe kleiner als 100 € ist.

a)	b)	c)	d)
39,82 €	68,36 €	51,87 €	45,97 €
+ 56,45 €	+ 38,94 €	+ 49,98 €	+ 42,86 €
96,27 €			88,83 €

TH S. 18

Geld – Schriftlich subtrahieren mit Kommazahlen

Datum ____________

1 Wie viel Geld bekommen die Kinder zurück?

a) Ilias

b) Kira

c) Max

d) Fatima

a)	b)	c)	d)
5,00 €	10,00 €	10,00 €	20,00 €
− 1,75 €	− 6,36 €	− 5,97 €	− 11,69 €
3,25 €	3,64 €	4,03 €	8,31 €

Ilias bekommt 3,25 € zurück.

Kira bekommt 3,64 € zurück.

Max bekommt 4,03 € zurück.

Fatima bekommt 8,31 € zurück.

2 Wie viel Geld bleibt übrig?

a)

b)

c)

d)

a)	b)	c)	d)
5,00 €	10,00 €	10,00 €	20,00 €
− 1,11 €	− 4,92 €	− 5,35 €	− 12,05 €
3,89 €	5,08 €	4,65 €	7,95 €

3,89 € bleiben übrig.

5,08 € bleiben übrig.

4,65 € bleiben übrig.

7,95 € bleiben übrig.

3 Subtrahiere schriftlich.

a)	b)	c)	d)
8,32 €	6,81 €	8,98 €	7,08 €
− 6,41 €	− 3,59 €	− 7,68 €	− 5,95 €
1,91 €	3,22 €	1,30 €	1,13 €

e)	f)	g)	h)
13,00 €	15,00 €	20,00 €	30,00 €
− 5,28 €	− 8,57 €	− 14,80 €	− 12,30 €
7,72 €	6,43 €	5,20 €	17,70 €

TH S. 19

Zeit – Minuten und Sekunden

_______________ Datum

1 Schreibe beide Uhrzeiten auf.

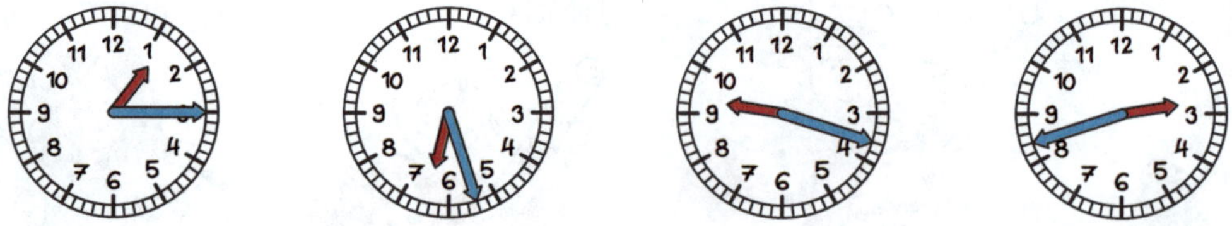

1.15 Uhr	6.27 Uhr	9.18 Uhr	2.42 Uhr
13.15 Uhr	18.27 Uhr	21.18 Uhr	14.42 Uhr

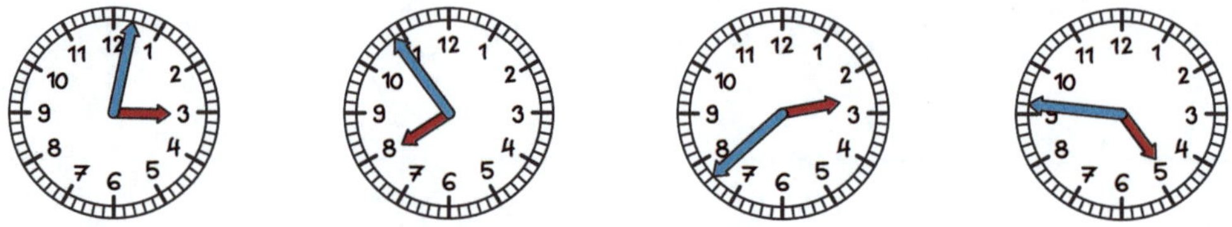

3.02 Uhr	7.54 Uhr	2.38 Uhr	4.46 Uhr
15.02 Uhr	19.54 Uhr	14.38 Uhr	16.46 Uhr

2 Immer drei gehören zusammen. Male mit gleicher Farbe an.

3 Wandle um.

a) 1 h = 60 min
2 h = 120 min
4 h = 240 min
10 h = 600 min

b) 2 h 10 min = 130 min
3 h 5 min = 185 min
1 h 40 min = 100 min
10 h 30 min = 630 min

c) 2 h 30 min = 150 min
7 h 20 min = 440 min
3 h 20 min = 200 min
10 h 10 min = 610 min

4 Ergänze zur vollen Minute.

a) 20 s + 40 s = 1 min
30 s + 30 s = 1 min

b) 15 s + 45 s = 1 min
27 s + 33 s = 1 min

c) 44 s + 16 s = 1 min
7 s + 53 s = 1 min

5 Wandle um.

a) 3 min = 180 s
2 min = 120 s

b) 7 min = 420 s
10 min = 600 s

c) 4 min 20 s = 260 s
6 min 6 s = 366 s

TH S. 21-23

Zeit – Zeitspannen

Datum

1 Ergänze zur vollen Stunde.

a)  b) 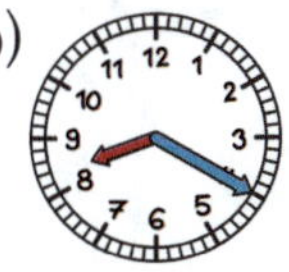 c) 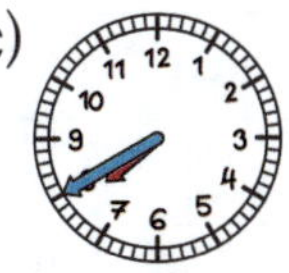 d) 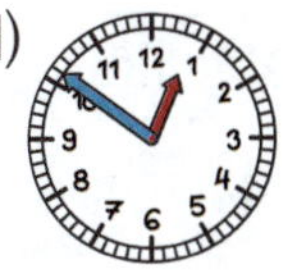

a) 13.45 Uhr —15 min→ 14.00 Uhr

b) 20.20 Uhr —40 min→ 21.00 Uhr

c) 7.40 Uhr —20 min→ 8.00 Uhr

d) 12.51 Uhr (oder 0.51 Uhr) —9 min→ 13.00 Uhr (oder 1.00 Uhr)

2 Wie viele Minuten sind vergangen?

a) 

9.30 Uhr —15 min→ 9.45 Uhr

b) 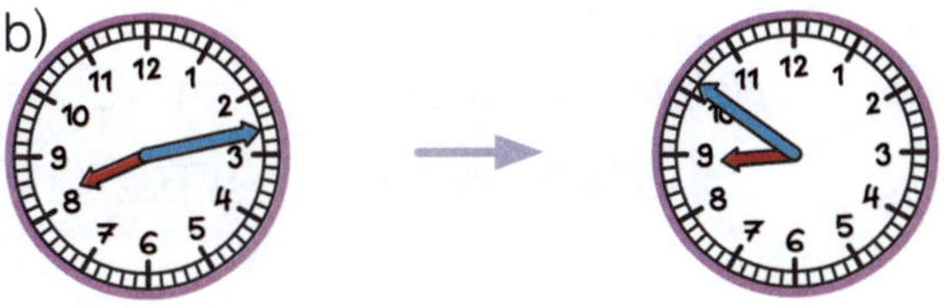

8.13 Uhr (oder 20.13 Uhr) —38 min→ 8.51 Uhr (oder 20.51 Uhr)

c) 

7.54 Uhr (oder 19.54 Uhr) —10 min→ 8.04 Uhr (oder 20.04 Uhr)

d) 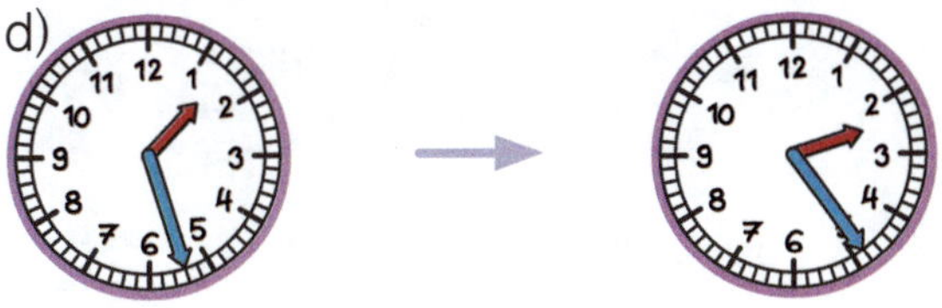

1.27 Uhr (oder 13.27 Uhr) —57 min→ 2.24 Uhr (oder 14.24 Uhr)

3 Wie spät ist es in ...

a) 2 h 10 min 12.24 Uhr —2 h 10 min→ 14.34 Uhr

b) 2 h 24 min 12.24 Uhr —2 h 24 min→ 14.48 Uhr

c) 3 h 31 min 12.24 Uhr —3 h 31 min→ 15.55 Uhr

4 Wie viel Zeit ist vergangen?

a) 

7.40 Uhr (oder 19.40 Uhr) —3 h 25 min→ 11.05 Uhr (oder 23.05 Uhr)

b) 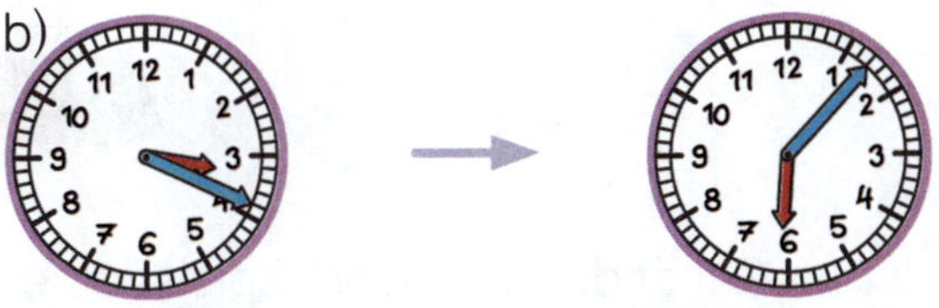

3.19 Uhr (oder 15.19 Uhr) —2 h 48 min→ 6.07 Uhr (oder 18.07 Uhr)

5

a) Es ist jetzt Viertel vor 4. Wie spät ist es in 25 Minuten? 4.10 Uhr (oder 16.10 Uhr)

b) Es ist jetzt 5 nach halb 3. Wie spät ist es in 40 Minuten? 3.15 Uhr (oder 15.15 Uhr)

c) Es ist jetzt 20 vor 1. Wie spät ist es in einer Stunde und 20 Minuten? 2.00 Uhr (oder 14.00 Uhr)

TH S. 24

Zeit – Rechnen in Sachsituationen

____
Datum

Julius hat aufgeschrieben, wann er Fußballtraining und Schlagzeugunterricht hat.

Tag	Aktivität	Anfang	Ende	Dauer
Montag	Fußball	14.30 Uhr	15.15 Uhr	45 min
Donnerstag	Fußball	15.25 Uhr	16.55 Uhr	90 min
Freitag	Schlagzeug	15.45 Uhr	16.25 Uhr	40 min

1 Wie lange dauert das Fußballtraining? Wie lange dauert der Schlagzeugunterricht?
Fülle die Tabelle aus.

2 Welche Aktivität dauert am kürzesten?
Der Schlagzeugunterricht dauert am kürzesten.

3 Wie lange hat Julius in der Woche Fußballtraining?

45 min + 90 min = 135 min = 2 h 15 min

Julius hat 2 Stunden 15 Minuten Fußballtraining in der Woche.

4 In wie vielen Minuten beginnt das Fußballtraining oder der Schlagzeugunterricht?

a) Montag

14.10 Uhr —20 min→ 14.30 Uhr

Das Training beginnt in 20 Minuten.

b) Freitag

15.30 Uhr —15 min→ 15.45 Uhr

Der Unterricht beginnt in 15 Minuten.

5 Gehst du zum Sport, spielst du ein Instrument oder hast du ein anderes Hobby?
Fülle die Tabelle aus.

Tag	Aktivität	Anfang	Ende	Dauer

(verschiedene Lösungen möglich)

TH S. 26

Längen – Kommaschreibweise

_______________ Datum

1 Trage die Länge in die Tabelle ein und schreibe als Kommazahl.

a) 2 m 36 cm
b) 5 m 40 cm
c) 17 m 89 cm
d) 14 m 4 cm
e) 65 cm
f) 27 m 72 cm

	10 m	1 m	10 cm	1 cm	
a)		2	3	6	2,36 m
b)		5	4	0	5,40 m
c)	1	7	8	9	17,89 m
d)	1	4	0	4	14,04 m
e)			6	5	0,65 m
f)	2	7	7	2	27,72 m

2 Fülle die Tabelle aus.

a)

165 cm	225 cm	850 cm	742 cm	812 cm	616 cm	428 cm
1 m 65 cm	2 m 25 cm	8 m 50 cm	7 m 42 cm	8 m 12 cm	6 m 16 cm	4 m 28 cm
1,65 m	2,25 m	8,50 m	7,42 m	8,12 m	6,16 m	4,28 m

b)

407 cm	96 cm	303 cm	10 cm	704 cm	908 cm	1 cm
4 m 7 cm	0 m 96 cm	3 m 3 cm	0 m 10 cm	7 m 4 cm	9 m 8 cm	0 m 1 cm
4,07 m	0,96 m	3,03 m	0,10 m	7,04 m	9,08 m	0,01 m

3 Male gleiche Längen mit der gleichen Farbe an.

30 cm | 0,33 m | 300 cm | 3,33 m | 333 cm | 3 cm
3 m | 0,03 m | 303 cm | 0,30 m | 33 cm | 3,03 m

4 Kleiner, größer oder gleich? Setze ein: <, > oder =

a) 2,05 m (<) 2 m 50 cm
0,25 m (<) 52 cm

b) 2 m 5 cm (=) 205 cm
2,50 m (=) 250 cm

c) 2 m 50 cm (>) 2 m 5 cm
5 m 20 cm (=) 5,20 m

5 Die kleine Schnecke möchte ein Salatblatt fressen.
Das Salatblatt war 2,25 m entfernt.
Von dieser Strecke hat sie schon 60 cm geschafft.

F.: Wie weit ist es jetzt noch bis zu dem Salatblatt?
R.: 2,25 m – 0,60 m = 1,65 m
A.: Es sind noch 1,65 m bis zu dem Salatblatt.

TH S. 29

Längen – Millimeter

Datum ____________

1 Miss die Längen der Stifte in Millimeter.

a) 52 mm

b) 38 mm

c) 69 mm

d) 73 mm

e) 111 mm

f) 55 mm

g) 84 mm

2 Wie lang sind die Strecken? Schätze zuerst, dann miss nach.

	geschätzt	gemessen
a)	cm mm	4 cm 5 mm
b)		7 cm 7 mm
c)		3 cm 1 mm
d)		1 cm 3 mm
e)		14 cm 8 mm
f)		5 cm 6 mm

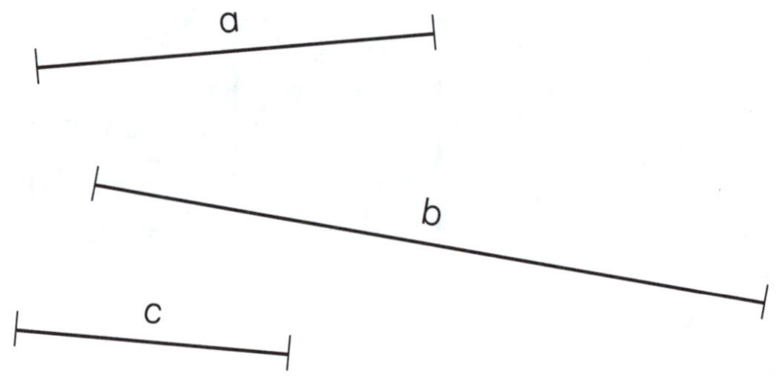

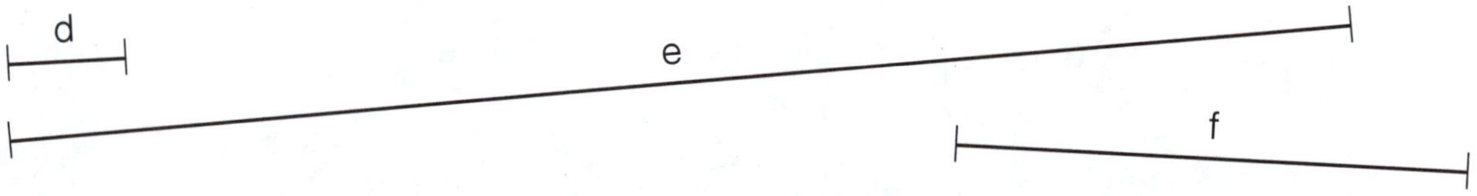

3 Zeichne die Strecken.

a = 3 cm 5 mm b = 2 cm 7 mm c = 15 mm d = 71 mm

a

b

c

d

4 Wandle um.

a) 13 mm = 1 cm 3 mm
42 mm = 4 cm 2 mm
502 mm = 50 cm 2 mm

b) 55 mm = 5 cm 5 mm
88 mm = 8 cm 8 mm
119 mm = 11 cm 9 mm

TH S. 30

Gewicht – Kilogramm und Gramm

____
Datum

1 Welche Gewichtsangabe passt zu welchem Gegenstand? Ordne die Lösungsbuchstaben zu.

2 g	20 g	100 g	200 g	250 g	500 g	1000 g
G	E	W	I	C	H	T

2 Was ist gleich schwer? Verbinde.

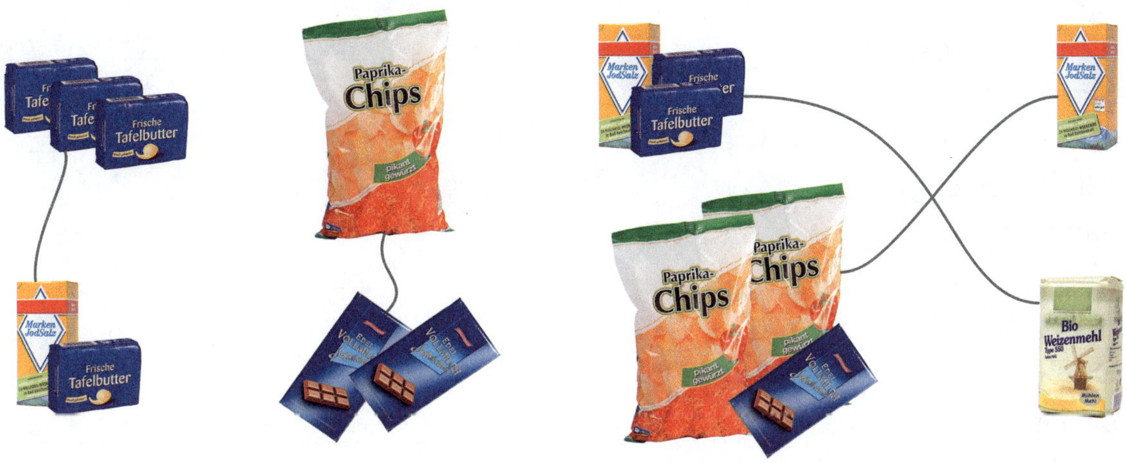

3 Ergänze zu einem halben Kilogramm.

a) 500 g
250 g + 250 g
140 g + 360 g

b) 500 g
80 g + 420 g
35 g + 465 g

c) 500 g
302 g + 198 g
165 g + 335 g

4 Ergänze zu einem Kilogramm.

a) 1000 g
600 g + 400 g
510 g + 490 g
820 g + 180 g
990 g + 10 g

b) 1000 g
200 g + 800 g
460 g + 540 g
120 g + 880 g
250 g + 750 g

c) 1000 g
5 g + 995 g
925 g + 75 g
505 g + 495 g
822 g + 178 g

TH S. 37-38

Sachrechnen mit Größen

Datum ____________

Herr und Frau Sander machen mit ihren Kindern Milla und Tobi einen Ausflug in die Berge.

1 Der Engelsberg ist 788 m hoch.
Der Himmelsberg ist 175 m höher.

F.: Wie hoch ist der Himmelsberg?

R.: 788 m + 175 m = 963 m

A.: Der Himmelsberg ist 963 m hoch.

2 Familie Sander startet um 8.35 Uhr am Parkplatz. Um 12.17 Uhr sind sie auf dem Gipfel des Engelsberges angekommen.

F.: Wie lange war Familie Sander unterwegs?

R.: 8.35 Uhr —3 h 42 min→ 12.17 Uhr

A.: Sie waren 3 Stunden 42 Minuten unterwegs.

3 Auf dem Gipfel gibt es einen Kiosk. Dort kauft Frau Sander viermal Apfelschorle und für jeden eine Bratwurst.

F.: Wie viel bezahlt Frau Sander?

R.:
4 · 1,20 € = 4,80 €
4 · 1,00 € = 4,00 €
4 · 0,20 € = 0,80 €

4 · 2,00 € = 8,00 €

4,80 € + 8,00 € = 12,80 €

A.: Frau Sander bezahlt 12,80 €.

4 Tobi kauft noch ein Stück Kuchen. Er bezahlt mit einem 5 €-Schein.

F.: Wie viel Geld bleibt übrig?

R.:
  5,00 €
− 1,75 €
  3,25 €

A.: 3,25 € bleiben übrig.

TH S. 41

Sachrechnen – Daten

Datum: ____________

1 Das Säulendiagramm zeigt die Anzahl der Mädchen und Jungen in den verschiedenen Sportgruppen des Kindersportvereins SV Grüne Heide.
1 mm steht für ein Mädchen oder einen Jungen.
Übertrage die Daten in die Tabelle.

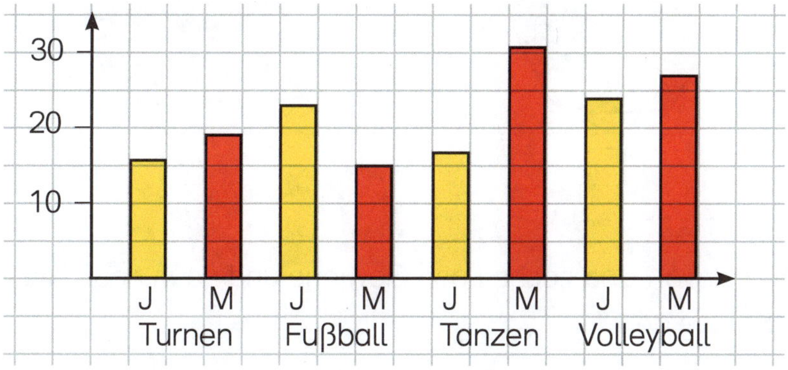

	J	M
Turnen	16	19
Fußball	23	15
Tanzen	17	31
Volleyball	24	27

2 Die Klasse 3a hat an ihrer Schule eine Umfrage zum Thema „Lieblingssport“ gemacht.
a) Zeichne zu der Strichliste ein Streifendiagramm.
Zeichne für jedes Kind einen Millimeter.

Fußball	卌 卌 卌 卌 卌 卌 卌 |
Turnen	卌 卌 ||
Laufen	卌 卌 卌 卌 ||||
Basketball	卌 卌 卌 卌 卌 卌 卌 |||
Inlineskaten	卌 卌 卌 卌 卌 卌 ||
Schwimmen	卌 卌 卌 卌 |
andere	卌 卌 卌 卌 卌 ||

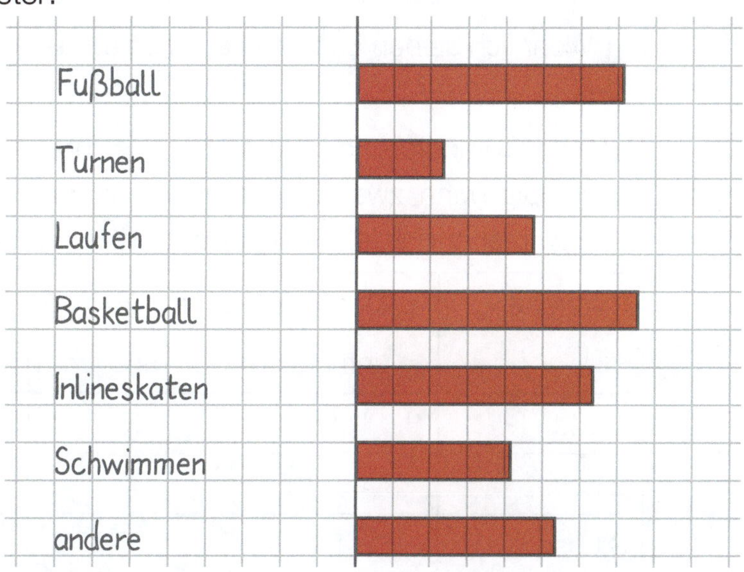

b) Was stimmt? Kreuze an.

- [ ] Fußball ist die beliebteste Sportart.
- [x] Schwimmen ist beliebter als Turnen.
- [x] Basketball ist die beliebteste Sportart.
- [x] Laufen ist beliebter als Schwimmen.
- [ ] Inlineskaten ist weniger beliebt als Laufen.

c) Schreibe eine eigene Aussage wie in b) auf, die stimmt.
(verschiedene Lösungen möglich)

TH S. 42

Sachrechnen – Zufall und Wahrscheinlichkeit

____
Datum

1 Bei welchem Loseimer hast du die größte Gewinnchance? Kreuze an.

[ ]

[ ]

[X]

2 15 Lose sind noch im Loseimer, davon sind sechs Lose Gewinne und neun Lose Nieten.
Welche Aussagen stimmen? Kreuze an.

- [X] Wenn ich ein Los kaufe, ist es möglich, einen Gewinn zu haben.
- [ ] Wenn ich sechs Lose kaufe, ist es unmöglich, einen Gewinn zu haben.
- [X] Wenn ich zehn Lose kaufe, ist es sicher, einen Gewinn zu haben.
- [X] Wenn ich neun Lose kaufe, ist es möglich, einen Gewinn zu haben.
- [ ] Wenn ich sieben Lose kaufe, ist es sicher, einen Gewinn zu haben.

3 Bei einer Tombola sind noch sechs Lose übrig:
ein Hauptgewinn, zwei Kleingewinne und drei Nieten.
Wie wahrscheinlich ist es, den Hauptgewinn zu ziehen? Kreuze an.

Ich ziehe ...	Den Hauptgewinn zu bekommen ist ...		
	... unmöglich	... möglich	... sicher
1 Los		X	
2 Lose		X	
3 Lose		X	
4 Lose		X	
5 Lose		X	
6 Lose			X

4 In einem Loseimer sind 300 Lose. Der Losverkäufer sagt: „Jedes dritte Los ist ein Gewinn."
Wie viele Nieten und Gewinne sind im Loseimer?

Es sind 100 Gewinne und 200 Nieten im Loseimer.

TH S. 45

Kombinieren

____
Datum

1 Maya möchte mit Fabian zur Kirmes gehen. Es gibt zwei unterschiedliche Wege von Maya zu Fabian und drei Wege von Fabian zum Kirmesplatz.
Wie viele Möglichkeiten hat Maya zum Kirmesplatz zu kommen?

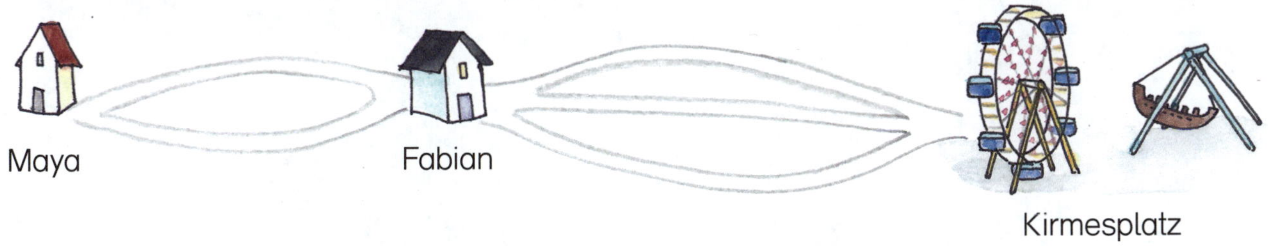

Maya hat __6__ Möglichkeiten zum Kirmesplatz zu kommen.

2 Auf der Kirmes treffen Maya (M) und Fabian (F) ihren Freund Samuel (S).
Gemeinsam wollen sie auf die Schiffsschaukel.
Wie viele Möglichkeiten haben sie, sich nebeneinander in die Schiffsschaukel zu setzen?

M–F–S, M–S–F, F–S–M, F–M–S, S–F–M, S–M–F

Sie haben 6 Möglichkeiten sich nebeneinander zu setzen.

3 Maya möchte sich ein Eis kaufen. Am Eisstand gibt es fünf verschiedene Eissorten:
Schokolade (Sch), Vanille (V), Erdbeer (E), Zitrone (Z) und Nuss (N).
Wie viele Möglichkeiten hat Maya, sich zwei Kugeln Eis auszusuchen?

Sch–V, Sch–E, Sch–Z, Sch–N, V–E, V–Z, V– N, E–Z,
E–N, Z–N, Sch–Sch, V–V, E–E, Z–Z, N–N

Maya hat 15 Möglichkeiten.

4 Fabian hat am Losstand einen Hauptgewinn und einen Kleingewinn gewonnen.
Wie viele Möglichkeiten hat Fabian, seine Gewinne auszusuchen?

Hauptgewinne: 

Kleingewinne: 

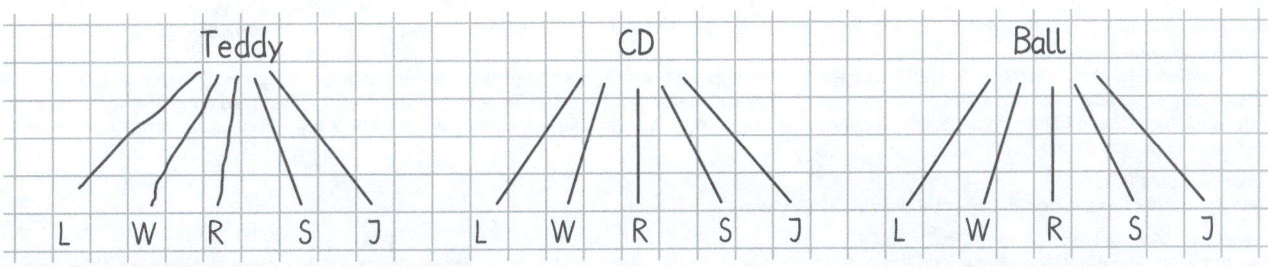

Fabian hat 15 Möglichkeiten.

TH S. 47

Flex und Flo für das 3. Schuljahr

FÖRDERN

Förder-Kopiervorlagen 3
978-3-425-**13583**-0

KERNMATERIALIEN (BASIS)

Lernpaket 3	
4 Themenhefte + Beilagen	978-3-425-**13560**-1
Themenhefte einzeln:	
Addieren und Subtrahieren 3	978-3-425-**13561**-8
Multiplizieren und Dividieren 3	978-3-425-**13562**-5
Geometrie 3	978-3-425-**13563**-2
Sachrechnen und Größen 3	978-3-425-**13564**-9
Diagnoseheft 3	
„Mein Weg durch die Mathematik"	978-3-425-**13503**-8
Arbeitsheft 3	978-3-425-**13566**-3

FORDERN

Entdeckerkartei 3
978-3-425-**13288**-4
Forder-Kopiervorlagen 3
978-3-425-**13638**-7

ZUSATZMATERIALIEN

Lehrermaterialien 3 mit DVD-ROM	978-3-425-**13565**-6
Kopiervorlagen 3	978-3-425-**13273**-0
Lernen an Stationen 3	978-3-425-**13248**-8
Spielebox 3/4	978-3-425-**13228**-0
Interaktive Tafelbilder 3	978-3-425-**13593**-9
Lösungen Arbeitsheft 3	978-3-425-**13567**-0
Trainingsheft 3	978-3-425-**13238**-9
Lernsoftware 3	978-3-425-**13603**-5
Lernsoftware 3 (Netzwerklizenz)	978-3-425-**13613**-4
Winkelsteine (23 Holzteile + Handreichung)	978-3-425-**13615**-8
Handpuppe Flex	978-3-425-**13505**-2
Handpuppe Flo	978-3-425-**13506**-9
Stempelset	978-3-425-**13507**-6
Poster-Set 3/4: Fachbegriffe und Merksätze	978-3-425-**13641**-7

BEILAGEN – ERSATZSORTIMENTE

10 Sätze Hunderter, Zehner, Einer	978-3-425-**13207**-5

ARBEITSMITTEL

48 Wendeplättchen aus Kunststoff in einer Plastikbox	978-3-507-**44012**-8
60 Wendeplättchen aus Kunststoff	978-3-507-**44002**-9
Geometrische Formen aus Kunststoff im Blechetui	978-3-507-**44001**-2
10 Kunststoffspiegel	978-3-507-**42766**-2

FLEX UND FLO **INKLUSIV** – Für Kinder mit besonderem Förderbedarf

im Zahlenraum bis 100

Lernpaket inklusiv C:	4 Themenhefte + Beilagen	978-3-425-**13670**-7		
Themenhefte inklusiv C einzeln:	Addieren und Subtrahieren (C)	978-3-425-**13671**-4	Geometrie (C)	978-3-425-**13673**-8
	Multiplizieren und Dividieren (C)	978-3-425-**13672**-1	Sachrechnen und Größen (C)	978-3-425-**13674**-5

Bildnachweis:
lBundesministerium der Finanzen, Berlin: 51, 52. lDruwe & Polastri, Cremlingen/Weddel: 53, 53, 53, 63, 63, 63. lFabian, Michael, Hannover: 63. lfotolia.com, New York: Amat, Aaron 65; endrille 53; Jonathan Werner 53; MP2 65; photoGrapHie 53; Sven Hoppe 53; Sylvie Thenard 65. liStockphoto.com, Calgary: Tom Brown 53. lLangner & Partner Werbeagentur GmbH, Hemmingen: 38, 40. lLyβ, Dr. Guido, Wolfenbüttel: 63. lMinkus Images Fotodesignagentur, Isernhagen: 63, 63, 63. lPantherMedia GmbH (panthermedia.net), München: Manuel Lesch 53. lPeterhoff, Dr. Frank, Lenggries: 63. l© Europäische Zentralbank (EZB), Frankfurt/M.: 51, 52, 57.
Wir arbeiten sehr sorgfältig daran, für alle verwendeten Abbildungen die Rechteinhaberinnen und Rechteinhaber zu ermitteln. Sollte uns dies im Einzelfall nicht vollständig gelungen sein, werden berechtigte Ansprüche selbstverständlich im Rahmen der üblichen Vereinbarungen abgegolten.

westermann GRUPPE

Druck A⁴ / Jahr 2020
Alle Drucke der Serie A sind im Unterricht parallel verwendbar.

Redaktion: Melanie Moriz
Illustrationen: Angelika Citak, Wipperfürth; Heike Heimrich, Berlin; Gabie Hilgert (atelier 9), Hamburg; Karoline Kehr (atelier 9), Hamburg; Christine Kleicke (atelier 9), Hamburg
Technische Grafiken: Langner und Partner, Hemmingen
Umschlaggestaltung: Künkel – Büro für Gestaltung, Bielefeld
Satz: Punkt für Punkt GmbH · Mediendesign, Düsseldorf
Druck und Bindung: Westermann Druck GmbH, Braunschweig

ISBN 978-3-425-**13567**-0